네덜란드 케어팜을 가다

돌봄과 복지가 농업과 만나는
네덜란드 케어팜을 가다

조예원 글 | 사진

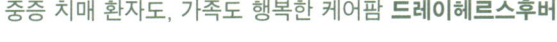

carefarm

라임나무가 보호하는 치유 공간 **린드붐케어팜**
낮은 땅의 진심 **멧하톡케어팜**
케어팜도 아이디어가 승부한다 **블로멘달케어팜**
다재다능한 케어팜 **드후퍼농장**
기본에 충실한 케어팜 **밀마스다이크농장**
중독인 재활과 프리미엄 식품의 만남 **린덴호프오픈가든**
동물을 통한 치유 공간 **굿랜드케어팜**
배우고 싶은 케어팜 **파라다이스농장**
도심의 힐링 공간, 도시 케어팜 **푸드포굿**
치매 돌봄과 농장의 성공적인 결합 **에이크후버**
중증 치매 환자도, 가족도 행복한 케어팜 **드레이헤르스후버**

그물코

차례

들어가는 글 6

네덜란드 케어팜 개요 12

라임나무가 보호하는 치유 공간 **린드붐케어팜** 20

낮은 땅의 진심 **멧하톡케어팜** 40

케어팜도 아이디어가 승부한다 **블로멘달케어팜** 58

다재다능한 케어팜 **드후퍼농장** 86

기본에 충실한 케어팜 **밀마스다이크농장** 110

중독인 재활과 프리미엄 식품의 만남 **린덴호프오픈가든** 132

동물을 통한 치유 공간 **굿랜드케어팜** 152

배우고 싶은 케어팜 **파라다이스농장** 179

도심의 힐링 공간, 도시 케어팜 **푸드포굿** 202

치매 돌봄과 농장의 성공적인 결합 **에이크후버** 221

중증 치매 환자도, 가족도 행복한 케어팜 **드레이헤르스후버** 242

들어가는 글

세계 농업 강국 하면 절대 빠지지 않는 나라, 바로 풍차와 튤립의 나라 네덜란드입니다. 네덜란드는 대한민국의 절반도 안 되는 면적의 작은 나라지만, 농산물과 농기술을 비롯한 농업 관련 수출액 세계 2위를 자랑하고 네덜란드의 경제인구 열 명 중 한 명은 농업 관련 종사자란 말이 있을 정도로 엄청난 농업 대국입니다.

하지만 네덜란드의 농업인들이라고 해서 쉽게 성장할 수 있었던 것은 아닙니다. 네덜란드의 땅은 바다보다 낮고 농사에 적합하지 않은 토양이 대부분이지만, 끊임없는 혁신과 창의적 사고, 기술 개발로 오늘날과 같은 발전을 이룰 수 있었던 것이죠. 사물인터넷Internet of Things, IoT과 빅 데이터Big Data 그리고 인공지능Artificial intelligence , AI까지 접목하고 있는 스마트팜Smart Farm이 4차 산업혁명 주제와 맞물려 관심이 뜨겁습니다. 그 덕분에 스마트팜의 선진국인 네덜란드가 주목을 많이 받고 있습니다. 한 해 농식품 수출의 10퍼센트를 농생명 기술과 기자재가 차지하고 있다고 하니, 네덜란드의 농업은 더 이상 노동 집약적이고 먹거리 제공에만 그치지 않는 그야말로 경제를 선도하는 산업이라고 할 수 있습니다.

그런데 네덜란드의 선진 농업을 이루고 있는 요소 중에는 스마트팜만 있는 것은 아닙니다. 농업 선진국인 네덜란드의 면모를 잘 보여 주는 것 중 하나는 바로 사회적 약자를 치유하고 돌보는 케어팜Care Farm입니다. 스마트팜 기술은 농업 생산량을 획기적으로 증대시킬 수 있는 고 효율화 기술이지만, 이를 실현하려면 비교적 큰 자본과 규모의 농업이 필요합니다. 농업의 규모화와 집약화에 동참하지 않은 농업인들은 농업과 농촌 공간을 활용한 다기능적 농업으로 눈을 돌렸습니다. 그 중에서도 특히 소농들이 좀 더 쉽게 진입할 수 있고 또 소농이기에 적합한 농업 형태가 바로 케어팜입니다.

케어파밍care farming은 한국에서 주로 치유농업, 사회적 농업, 돌봄농업 등으로 불리고 있습니다. 한국에서는 농업·농촌의 새로운 방향 모색의 일환으로 정책적으로 사회적 농업과 치유농업을 추진 및 지원해 오고 있습니다. 농림축산식품부는 2018년부터 사회적 농업 활성화 지원사업을 통해 농촌 지역에 돌봄 등의 서비스 제공 개선을 위한 노력을 하고 있고, 2021년 '치유농업 연구개발 및 육성에 관한 법률' 시행 이후 치유농업사 국가 자격 신설 및 치유농업 시설에 대한 지원사업 등이 농촌진흥청 및 지방농촌진흥기관들을 중심으로 이루어지고 있습니다.

사회적(돌봄) 농업과 치유농업은 단어는 다르지만 본질에 유사점이 많고, 아직은 초기 단계인만큼 한국에서의 발전을 위해 네덜란드 케어팜을 비롯한 유럽 사례를 통해 배우려는 움직임이 많습니다. 최근 언론에서도 사회적 농업이나 치유농업에 관련한 이야기를 기획 제작하고, 뜻 있는 분들은 이러한 농업이 전 세계에서 가장 잘 발달되어 있다는 네덜란드를 직접 방문해 케어팜을 견학하기도 합니다. 농업 뿐 아니라 복지, 보건의료 분야를 비롯해서 다양한 영역에서 활동 중인 분들이 케어팜에 관심을 갖고 한국에 적합한 모델을 그려 보고 있습니다.

네덜란드에는 1,250여 개의 케어팜이 있습니다. 네덜란드 전국의 크고 작은 케어팜을 찾아가 보고 인터뷰를 하면서 제가 느낀 것은, 농장주의 철학이나 운영하면서 얻은 경험들이 각양각색이라 케어팜이라는 공통된 이름은 가지고 있지만 분위기나 운영 방식이 매우 다르다는 점입니다. 유럽의 현장을 직접 방문하는 것은 분명 의미가 있지만, 견학으로 한두 군데 케어팜을 다녀와서는 네덜란드의 사회적 농업이나 치유농업은 이런 것이다, 케어팜은 이렇게 운영이 된다고 이해하기에 조금 어렵지 않을까 라는 생각이 듭니다. 그래서 사회적 농업 및 치유농업에 대해 궁금하거나 관심 있는 분들의 이해를 돕기 위해 제가 경험한 네덜란드의 케어팜 열한 곳의 이야기를 전하고자 합니다.

농업 전문가도 아닌 제가 케어팜에 대해 이야기할 수 있는 이유는, 네덜란드의 케어팜은 농업 생산보다는 케어를 제공하는 기관으로 다뤄지기 때문입니다. 제가 공부한 네덜란드의 바흐닝언대학Wageningen University & Research은 농업 관련 공부를 한 분들이라면 한번쯤은 들어봤을 정도로 농업 분야에서 세계적으로 유명한 대학이자 연구 기관입니다. 도시에 사는 분들은 농업은 나와는 관계없는 분야라고 생각할 수도 있을 것 같습니다. 하지만 농업은 인간의 삶에 필수적인 먹거리, 나아가 건강과 밀접한 관련이 있고 또 우리를 둘러싼 자연 환경과 지구 생태계, 더 나아가 식량 경제 문제까지 연관되어 있을 정도로 그 영향이 폭넓기 때문에 알고 보면 우리 모두는 크던 작던 농업과 긴밀한 연관이 있다고 할 수 있죠. 바흐닝언대학에서 다루는 분야는 따라서 동물을 키우고 식물을 재배하는 전통적인 범위의 농업 및 이와 관련한 기술 개발을 넘어서서 식품, 인간의 건강과 삶의 질, 그리고 광범위한 환경자원에 이르기까지 폭넓고, 모든 분야에서 연구의 우수성을 인정받고 있습니다. 평소 현대인의 건강 문제에 관심이 많던 저는 바흐닝언대학의 건강과 사회Health & Society라는 보건사회학 과정을 공부하면서 케어파밍care farming을 알게 되었습니다. 일반적으로 건강을 생각할 때 가장 먼저 떠올리는 요소들로 음식 섭취와 신체 활동, 아니면 질병과 그 치료에 대해 생각할 텐데요, 이뿐만 아니라 사회 환경을 비롯한 다른 요소들의 영향과 중요성에 대해 배우게 되었고 케어파밍 또한 이렇게 다원적이고 근본적인 시각에서 현대인의 건강과 삶의 질 향상에 큰 도움을 줄 수 있는 방식으로서 접하게 되었습니다.

마침 네덜란드의 케어파밍 연구로 유명한 바흐닝언대학 연구센터의 얀 하싱크Jan Hassink 박사님의 지도로 한국의 케어파밍에 대한 연구논문을 쓰게 되면서 많은 한국분들이 네덜란드의 케어팜에 대한 관심이 상당하다는 것을 알게 되었습니다. 또, 실제로 케어팜 견학차 멀리 네덜란드까지 오는 분들도 만날 수 있었고요. 하지만 많은 시간과 돈을 들여 오셨을 분들이 시간상, 이동상의 제약으로 네덜란드 케어팜에 대해서 충분히 경험할 기회를 갖지 못하는 모습이 안타까웠고, 이에 좀 더 제대로 케어팜을 이해할 수 있도록 돕고 싶은 마음에 케어팜 취재를 시작하게 되었습니다. 그러던 중 취재한 내용을 「농수축산신문」을 통해 연재하게 되었고, 신문에 미처 담지 못한 이야기들을 추가해 블로그를 통해 소개하다가 더 많은 분들께 케어팜의 가치를 알리고 싶다는 그물코출판사의 제안으로 이 책을 펴내게 되었습니다.

이 책을 내기까지 많은 도움을 주신 그물코출판사, 그리고 케어팜 이야기 연재를 제안해 주신 「농수축산신문」 길경민 이사님께 감사드립니다. 네덜란드에서 방문할 케어팜을 선정하고 조사를 진행하는데 도움을 주시고 언제나 제 일을 격려해 주시는 하싱크 박사님, 항상 날카로운 조언으로 큰 도움을 주시는 민승규 박사님께도 감사드립니다. 마지막으로 물심양면으로 아낌없는 지원을 해주시는 부모님께 깊은 감사를 표합니다. 케어팜 취재에 동행한 이진경 선생님과 유키에게도 고마운 마음과 격려의 박수를 보냅니다.

지난 2020년, 전 세계가 코로나로 일시적으로 멈춰 있던 때에 이 책이 나오고 벌써 4년이란 시간이 흘렀습니다. 전국 각지에서 이 책을 읽었노라고 반갑게 인사해 주시는 분들을 만나며 책의 영향력을 실감하는 한편, 더 좋은 내용으로 도움을 드릴 수 있도록 보답해야겠다는 생각도 했습니다. 지금도 『네덜란드 케어팜을 가다』를 찾는 분들이 계시기에 고맙게도 3쇄를 출판하게 되었습니다. 욕심 같아서는 네덜란드의 각 농장을 소개하는 본문에 좀 더 풍성하게 내용을 추가한 개정판을 내고 싶지만, 어쩔 수 없는 여건상 한국의 관련 현황과 네덜란드 케어팜 개요 부분만 업데이트하는 점을 독자분들께 양해 부탁드립니다.

케어팜은 비단 농업 부문에서만 다원적 농업의 일환으로 접근할 수 있는 것이 아니라, 복지 및 헬스케어 분야와 반드시 협업이 필요한 활동입니다. 왜냐하면 장애인, 노인 등의 다양한 사회적 약자들에게 도움을 주는 데에 활용될 때 그 효용이 더 빛을 발할 수 있기 때문입니다. 케어팜에 대한 관심이 고조되고 있는 한국에서 이 책이 많은 분들에게 영감을 주고, 올바른 철학으로 운영되는 케어팜이 한국에 많이 생겨나는데 일조하기를 바랍니다.

2024년 9월

조예원

네덜란드 케어팜 개요

2024년 기준 네덜란드에는 1,250여 곳의 케어팜이 있다고 알려져 있습니다. 네덜란드 케어파밍의 초기인 1990년대 후반, 발달장애와 같은 정신 장애가 있는 사람들이 인근 농장의 일을 돕는 사례가 조금씩 늘어나면서 이러한 활동이 장애인들에게 도움이 될 뿐 아니라, 농가 경제 및 보건복지 분야에도 도움이 된다는 인식이 생겨났습니다. 이에 1999년 네덜란드 농업부와 보건복지스포츠부가 함께 지원하여 '농업과케어국가지원센터Steunpunt Landbouw en Zorg: The National Support Center Agriculture and Care'를 설립합니다. 이 국가지원센터의 목적은 케어파밍이 제대로 자리 잡고 긍정적인 기능을 할 수 있도록 체계를 마련하여 케어팜 분야를 지원하는 것이었습니다. 국가지원센터는 케어팜의 품질 시스템을 마련하고 새로이 케어파머가 되고자 하는 사람들에게 정보를 제공하는 등 성공적인 역할을 했고, 이에 1998년 75개였던 케어팜은 2009년 1,000개 이상에 이를 정도로 비교적 짧은 시간에 급성장하게 됩니다. 국가지원센터의 활동 종료 후인 2010년, 케어팜 관련 농업인들의 연합체인 '케어팜연합Federatie Landbouw en Zorg: Federation Agriculture and Care'이 설립되어 케어팜의 품질 관리 등 케어팜 영역을 대표하여 현재까지 그 활동을 이어오고 있습니다.

케어팜연합의 회원은 각 지역을 대표하는 16개의 지역 조직들이고, 각 지역 조직들의 회원은 해당 지역 케어팜들입니다. 지역 조직 가입은 케어팜으로 운영하기 위해 필수 사항은 아니지만, 이를 통해 정보를 교류하고 행정 처리에 도움을 받는 등 이점이 많기 때문에 대부분의 케어팜은 지역 조직 및 케어팜연합의 회원입니다.

네덜란드 케어팜들은 대부분 낮 시간 보호 및 돌봄을 제공하는 요양 및 복지 서비스 제공 기관 형태로 운영되고, 이용객들이 24시간 거주하는 서비스를 제공하는 형식은 소수입니다. 이는 만성 장애나 질환을 겪고 있는 사람들이 바로 요양 시설에 가지 않고 최대한 오래 내 집에서 지낼 수 있게 하자는 네덜란드 보건복지 부문의 정책 목표와도 맞닿아 있습니다. 농장 이용객들은 발달장애, 자폐 같은 각종 복합적 정신 문제를 겪고 있는 사람, 치매나 각종 질환의 후유증을 겪고 있는 어르신, 장애를 포함하여 가정이나 학교생활의 어려움을 겪고 있는 어린이 및 청소년, 약물이나 알콜 중독에서 벗어나고자 하는 사람, 장기간 실업으로 재기하고자 하는 사람 등 정상적인 생활을 하는 데 어려움을 겪고 있어 도움이 필요한 사람이라면 누구나 가능합니다. 이들이 가장 일반적으로 농장을 이용하는 방식은, 살고 있는 지역의 지방정부(지자체) 예산으로 제공되는 복지 서비스를 이용하는 것입니다. 케어팜은 헬스케어 및 복지 기관으로서 돌봄 등 보건복지 서비스를 제공하고, 해당하는 비용을 지자체의 복지 예산으로 지급받게 됩니다. 또 장기요양급여나 건강보험 관련 비용으로 케어팜을 이용할 수도 있습니다.

농장이 제공하는 돌봄은 소극적으로 전문가로부터 '돌봄을 받는' 것이라기 보다는, 적극적으로 농장에서 여러 활동을 하는 것에 더 가깝습니다. 이 책에서 소개하는 열한 곳의 농장 이야기를 따라가다 보면 이용객들이 농장에서 어떤 활동을 하는지, 또 다른 종류의 기관, 즉 병원이나 일반 요양 기관, 직업재활원 등에서는 누리기 어려운 어떤 농장만의 이점이 있는지 알 수 있을 것입니다.

본격적으로 네덜란드 케어팜을 만나 보기 전에 네덜란드 케어팜연합이 보건복지스포츠부 그리고 네덜란드 소규모케어협회와 함께 2015년에 발간한 보고서『케어팜이 제공하는 일곱 가지 핵심 특성 Wij stellen alvast onze 7 kernkwaliteiten aan u voor…』을 바탕으로 케어팜이 효과적인 곳이 될 수 있었던 이유를 살펴봅니다.

공간과 휴식 그리고 규칙성

농장은 이용자들에게 있어서는 기존에 생활하던 익숙한 생활환경이 아니라 완전히 새로운 공간입니다. 농장에는 마음의 평화를 가져다

줄 수 있는 동물과 식물이 있습니다. 이런 동물, 식물을 돌보는 일만으로도 일상생활에 규칙성이 생길 수 있답니다. 그뿐만 아니라 농장에서는 항상 해야 할 일들이 명확하고 체계적이기 때문에, 그렇지 못한 생활로 힘들어했던 사람들에게는 (예를 들면, 심한 우울증으로 일상적인 생활이 힘들었던 분들이나 장기간 실업상태에 있는 분들, 아니면 도박 등 중독 상태에 있었던 분들이 될 수 있겠죠?) 농장 생활이 규칙적인 생활과 심신 회복에 좋은 가이드가 될 수 있습니다. 무엇보다 자연환경에 한 발짝 더 다가가게 되면서 현대인의 생활에서 무심코 지나쳤던 시간의 흐름, 계절, 생명의 삶과 죽음에 대해서도 새로운 인식을 가지게 됩니다. 그리고 농장에는 언제든 편안하게 휴식을 취할 수 있는 공간이 있지요.

사회적 활동

자기 자신뿐만 아니라 다른 사람에게도 의미 있는 존재가 되고 싶어 하는 건 인간의 자연스러운 본능입니다. 케어팜의 직원들은 농장의 참여객들이 원하는 것이 무엇인지, 무엇을 할 수 있는지 주의 깊게 관심을 가지고 대하면서 각자에게 맞는 적합한 일을 찾아줍니다. 그러면서 농장 참여객들에게 일종의 롤모델이자 거울 같은 역할을 하게 되죠. 게다가 농장 참여객들은 농장에 옴으로써 아주 다양한 사람들을 만나게 되고 그러면서 다른 사람들과 의사소통하는 방법을 배우고 사회적인 네트워크를 만들어 나갑니다.

유용한 작업

농장이라는 장소의 특성상 케어팜 참여객들은 동물, 식물과 같은 자연과 함께하며 적든 많든 몸을 움직이는 신체 활동을 하게 되는데요, 이를 통해 육체적으로 정신적으로 더 강해지게 됩니다. 일을 마치고 내가 한 일의 결과물을 보면서 성취감과 보람을 느끼게 되구요. 또 농장을 위해, 더 나아가 이 사회에 무언가 기여했다는 느낌을 갖는 것은 보다 큰 자부심을 갖게 해줍니다. 케어팜에서는 참여객의 한계가 아니라 가능성에 초점을 맞춥니다. 아무리 사소한 일이라도 농장에서 하는 일은 모두 중요하다는 게 원칙이고, 이런 방식으로 케어팜 참여객들은 자기 존중감과 책임감을 갖게 됩니다.

건강한 식생활

몸에 좋은 영양성분을 섭취하는 것은 건강한 삶을 위해 매우 중요하죠. 하지만 현대인들, 특히 케어팜 참여객들은 건강한 식습관을 유지하기 힘든 환경에 있는 경우가 많습니다. 참여객들은 농장에 와서 먹거리 생산과 음식 준비를 함께 하고, 매일 따뜻한 식사를 함으로써 건강한 식사를 실천하면서 그 가치를 더 잘 알게 되죠. 이는 케어팜에 와서 얻는 중요한 인센티브 중 하나입니다.

신체 활동

정서적인 문제가 있을 때 생각만 한다고 해결되지 않죠. 오히려 신체 활동이나 운동이 이러한 문제를 개선하는 데 효과가 있습니다. 신체 활동은 그런 생각에서 벗어날 수 있게 해주고 오히려 새로운 통찰력을 제공하기도 합니다. 야외활동을 함으로써 케어팜 참여객들은 정신적으로나 신체적으로 더 좋은 컨디션을 갖게 되고, 잠도 잘 자고 좋은 기분을 유지할 수 있게 됩니다.

삶의 여유

케어팜 참여객이 매일 농장에 와서 돌봄을 받고 시간을 보내는 것은 그 가족들이나 원래 그 참여객을 돌보던 기관(개인)에게도 긍정적인 효과가 있습니다. 참여객이 농장에서 신뢰할 만한 수준의 돌봄을 받는 동안 가족을 비롯한 다른 사람들은 스스로의 생활을 할 수 있는 여유가 생기고 이는 가족의 일상에도 긍정적인 영향을 줍니다. 케어팜 그리고 참여객의 가족은 서로 협력해서 참여객에게 최적의 환경을 만들어 줄 수 있는 것이지요.

진정한 사회생활로의 창구

케어팜을 이용하는 사람들은 대부분 일반적인 사회생활을 하기 어려운 경우이기 때문에, 농장에서 경험을 쌓고 사회성을 기르고 자기존중감을 가지면서 사회에 나아갈 수 있는 준비를 할 수 있습니다. 케어팜 자체가 다음 단계로 나아가는 창구로도 활용될 수 있는데요, 많은 케어팜 농장주들은 농업과 관련됐거나 혹은 농업 이외 분야에도 다양한 종류의 기업들과 인맥을 갖고 있기 때문에 참여객들을 도와줄 수 있습니다.

이러한 특징을 지닌 네덜란드의 케어팜은 사회적 약자들과 그 가족들을 위해 복지 시스템과 결합되어 운영되며 주로 다음과 같은 사람들이 이용합니다.

- 지적장애가 있는 사람들
- 지체장애 혹은 거동이 불편한 사람들
- 정신건강에 문제가 있는 사람들
- 수감(이력)자
- 중독(이력)자
- 돌봄이 필요한 어린이
- 돌봄이 필요한 청소년
- 어르신들
- 치매 질환을 가진 어르신들
- 장기 미취업자
- 번아웃증후군에 빠진 사람들
- 망명 신청자
- 후천성 뇌질환자
- 특수교육 학생
- 사회적 도움이 필요한 사람
- 아동매춘 피해자
- 보호작업장 이용자

네덜란드의 케어팜은 그 규모, 철학, 운영 방식 모두 제각각이지만 농업과 복지의 결합이라는 점에서 일관된 성격을 갖습니다. 사회적 약자들이 자신만의 공간에서 벗어나 규칙적인 생활을 하고, 사회적인 커뮤니케이션 공동체 활동을 통해 심신을 회복하며, 일부는 기술을 익혀 다시 사회 구성원이 될 수 있도록 돕는 역할을 케어팜이 합니다. 그리고 정규 교육에 적응하지 못하거나 돌봄이 필요한 어린이와 청소년들이 원만한 사회 구성원이 될 수 있도록 돕는 역할도 케어팜이 맡고 있습니다. 사회생활에서 멀어진 어르신들과 치매를 앓고 있는 어르신의 공동체 커뮤니케이션 활동을 지원하고 농장 활동을 통해 병의 진행을 늦출 수 있게 도와주는 역할도 케어팜의 몫입니다.

한국에서도 사회적 농업 혹은 치유농업의 일환으로 케어팜이 다양하게 시작되고 있습니다. 장애 아동들과 함께 텃밭을 가꾸는 케어팜도 있고, 지역 어르신들과 함께 작물을 재배하면서 일자리도 창출하고 휴식 공간도 제공하는 케어팜도 있습니다. 앞으로 더 다양한 사회적 약자들을 돌보고 치유의 공간으로 태어날 농촌의 모습을 기대하며, 앞선 경험으로 많은 배울거리를 던져 주는 네덜란드의 케어팜 이야기를 시작해 보겠습니다.

라임나무가 보호하는 치유 공간
린드붐케어팜

케어팜 방문차 네덜란드에 오시는 분들은 일정상의 이유로 대부분 이동이 편리한 지역의 농장을 많이 가시곤 합니다. 그러다보니 많이 알려진 농장들은 주로 네덜란드에서 비교적 중앙에 위치한 우트레흐트Utrecht 주나 헬더란드Gelderland 주, 아니면 암스테르담Amsterdam 주변에 있는 경우가 많아요.

하지만 네덜란드에는 전국적으로 케어팜들이 있습니다. 저는 많이 알려지지 않은 지역의 농장들도 고루 알려드리고 싶습니다.

거스 히딩크 축구 감독이 살아서 한국인들이 자주 찾는다는 네덜란드 동부의 바쉬벨트Varsseveld 마을과 인접한 하러벨트Harreveld 마을에는 린드붐De Lindeboom 케어팜이 있습니다. 18세기 나폴레옹이 직접 심었다고 전해지는 커다란 라임나무가 농장 입구에서 사람들을 맞아줍니다.

네덜란드어로 린드붐은 라임나무를 뜻하고, 라임나무에는 보호라는 상징적 의미가 있기 때문에(잎이 사람의 심장 모양 -하트- 라서 그렇다네요) 린드붐은 사회적 약자를 보듬는 농장 이름으로 제격인 셈이지요.

농장에서는 젖소 15마리를 기르는데 그 우유로 치즈를 만들어 직접 농장에서 팝니다. 또 방사한 닭에게 얻은 계란free-range egg과 텃밭에서 기른 채소를 인근 레스토랑에 파는 일반적인 농업 활동도 하고 있습니다.

낮 시간 초지에 나가 있는 젖소들

린드붐농장의 닭 사육 환경. 안팎으로 오가는 문이 있어 자유롭게 드나들며 생활합니다.

린드붐농장의 주요 수입원은, 대부분의 다른 케어팜들처럼 자폐증, 신체장애, 뇌질환, 번아웃증후군 등을 겪고 있어 일반적인 경제 활동이 어려운 사회적 약자들을 고객으로 맞음으로써 정부와 지자체로부터 받는 지원금입니다.

총괄 책임자 마틴 씨는 케어팜으로서의 린드붐을 완성시킨 장본인입니다. 어떻게 하면 농장의 일이 고객들에게 조금이라도 더 도움이 될지 그가 고심한 흔적들을 농장 곳곳에서 볼 수 있답니다. 별도로 교육을 받은 것이 아니라 혼자 공부를 통해 린드붐농장을 만들어냈다는 점에서 더욱 마틴 씨의 열정을 알 수 있었습니다.

농장에서 고객들이 하는 일은 다양합니다. 물론 본인의 선호도에 따라 선택해서 일을 하는데요. 하루 세 번 소젖을 짜는 일부터 시작해서 치즈 만들기, 판매용 장작 만들기 등 농업과 관련된 활동뿐만 아니라 빨래, 청소, 요리 그리고 농장에 있는 작은 직판장에서 판매에 이르기까지 농장에서 일어나는 모든 활동을 고객들이 함께 합니다.

발달장애나 자폐와 같은 정신적인 문제가 있는 사람들이 이런 일을 하는 것이 위험하지 않을까 생각하실 수도 있습니다. 안전 규정을 지키는 일은 네덜란드 케어팜에서 매우 중요하게 생각하는 부분입니다. 안전사고의 가능성이 있는 일을 할 때는 항상 농장 직원이 함께 해야 합니다. 예를 들어 도끼나 전기톱으로 장작을 만드는 등 위험한 작업을

장작 만들기는 린드붐농장의 중요한 작업 중 하나입니다.

무를 자르는 기계인데요, 농장 고객이 직접 녹슨 부분을 닦아내고 페인트칠도 해서 수리했다고 합니다.

할 때는 주로 농장 직원이 하되, 고객은 장작을 옮기거나 정리하는 등 옆에서 돕는 역할을 합니다. 안전과 관련된 규정 준수는 네덜란드 케어팜연합에서 시행하는 품질인증제도에서도 중요하게 보는 부분이고 모든 농장은 자체적으로 작성한 안전 규정을 가지고 있습니다.

마틴 씨는 날씨가 추워 텃밭 등의 바깥 작업이 어려운 겨울에도 고객들이 할 수 있는 일을 생각하다가 동물 사료용 무를 다듬는 일을 생각해냈다고 합니다.

사진에서 보시다시피 외양간 한켠에 무가 한가득 쌓여 있는데요. 무를 다듬는 일은 실내에서 가능하고, 혼자서도 할 수 있으며, 또 많은 시간을 필요로 하면서도 어렵지 않기 때문에 자폐증 등을 갖고 있는 농장 고객들이 규칙적인 생활과 자립심을 위해 겨울에 할 수 있는 적합한 일이라고 합니다.

일반적으로 농장에서는 옷이나 손에 흙이 묻는 작업도 많이 하고 실내 공간은 바닥이 더러워지기도 쉬울텐데요, 린드붐 농장에서 특히 인상 깊었던 부분은, 농장답지(?) 않게 모든 구역이 굉장히 깨끗하게 관리되고 있다는 점이었습니다.

사진에서처럼 작업 도구 보관실도 깨끗하게 정돈되어 있습니다. 린드붐농장 직원들은 고객의 개인 청결뿐 아니라 농장 내의 위생에도 굉장히 신경을 많이 쓰고 있었어요.

농장 고객들은 점심시간을 알리는 종이 울리면 가장 먼저 작업복을 정해진 장소에 벗어 놓고 바로 식당 앞 개수대에 가서 손을 씻습니다(위). 함께 식사하는 일을 중요하게 생각하는 린드붐농장에서는 점심 식사를 제공합니다. 낮 12시가 되면 직원과 고객 모두 이곳 식당에서 함께 점심을 먹습니다(아래).

치즈를 만들기 위해 우유를 짜는 착유실.

치즈 생산실 입구에는 위생모와 덧신이 구비되어 있습니다. 치즈를 만드는 작업실에 들어가기 위해서는 외부의 이물질이 들어가지 않도록 반드시 신발에 보호 비닐을 씌우고 들어가야만 합니다.

린드붐농장에서 만드는 다양한 종류의 치즈(위). 이 치즈들은 모두 직거래로 농장의 직판장에서 판매합니다(아래).

9헥타르(27,225평)의 케어팜을 운영하려면 인력이 어느 정도 필요할까요. 젖소 열다섯 마리, 텃밭 채소 재배, 장작 패기 작업, 치즈 만들기, 직거래 숍 운영 등을 생각하면 꽤 많은 사람이 있어야 할 것 같은데요.

농장 직원은 마틴 씨와 그의 부인을 포함해 여섯 명밖에 되지 않습니다. 하지만 서른 명에 가까운 고객들이 적으면 일주일에 한 번, 많으면 매일 꾸준히 오기 때문에 농장이 돌아가는 데에는 아무 문제가 없다고 해요.

또 열한 명이나 되는 지역 주민들이 자원봉사차 농장 일을 돕습니다. 일주일에 세 번 농장에 와서 사과파이를 굽는 사람도 자원봉사자인데요, 이 파이는 주변 레스토랑에 배달도 하고 농장 직판장에서 판매도 합니다. 농장 수익으로도 연결되겠죠?

농장 직판장에서는 직접 만든 치즈와 사과파이 이외에도 요거트 등의 우유 가공품을 비롯해 잼, 밀가루 등 다양한 품목을 판매합니다. 린드붐에서 직접 만들지 않는 품목들은 인근의 농장과 서로 교환해서 린드붐의 치즈를 그쪽 농장 직판장에서 판매하고, 그 대신 그 농장의 물건을 받아와서 파는 식으로 운영하고 있습니다. 특히 농장에서 파는 요거트 등은 병에 담아 병 보증금을 받고 팔고 있는데요, 병을 씻고 스티커를 붙이는 일 또한 농장 고객들이 맡아서 하는 일입니다.

마틴 씨는 직원들을 채용할 때의 일도 공개를 했는데요. 2002년, 린드붐 농장에 온 후 직원들을 모두 새로 뽑아야 해서 신문에 채용 공고를 냈는데 그때가 마침 사회적으로 실업 문제가 불거질 때여서 그런지 무려 300명이 지원을 했다고 합니다. 생각보다 많은 사람들에게 지원을 받다 보니 그중에 헬스케어와 농업 두 가지 모두에 학위 내지 경력이 있는 전문가들이 있었던 거죠. 그때 채용된 직원 네 분은 지금까지도 린드붐에서 일하고 있다고 합니다.

제가 네덜란드 케어팜들을 다니면서 거듭 깨닫게 된 비밀 아닌 비밀을 하나 말씀드린다면, 케어팜을 잘 운영하기 위해서는 농업에 대한 지식, 그리고 케어에 대한 지식이 고루 필요하다는 점입니다! 네덜란드에는 케어팜에 반드시 일정 수준의 (헬스) 케어 교육을 받은 사람이 상주하고 있어야 하는 규정이 있고, 이런 전문가가 직원으로 있는 경우가 상당히 많답니다. (헬스) 케어라고 하면 운동이나 건강 보조 식품을 생각하실 분도 계실 텐데요, 네덜란드 케어팜에서 말하는 헬스 케어는 돌봄 서비스를 포함한 사회복지 영역에 더 가깝습니다. 그렇다고 농장에 농업 전문 인력이 없다면, 예를 들어 키우는 소가 아플 때 아픈지 알기도 어렵겠죠? 농업에 대한 지식 또한 필수적입니다.

마틴 씨는 어떻게 하다가 케어팜에서 일을 하게 되었을까요? 예상과는 달리, 처음부터 이런 농장에 뜻이 있었던 것은 아니라고 합니다.

농장에서 직거래하는 치즈 앞에서 설명을 해주는 마틴 씨.

> 저는 원래 소를 사고파는 회사에서 일하는 중개상이었어요. 그러다가 린드붐 농장의 전 소유주를 알게 됐죠. 어느 날 그 분이 저에게 케어팜 책임자 자리를 제안하더군요.

농장의 전 소유주는 1995년 교통사고로 장애를 얻은 아들을 위해 린드붐농장을 사들여 젖소와 닭 등을 키우며 요양을 위한 농장을 만들었는데, 아들이 죽은 후 농장 운영에 뜻을 잃었다고 합니다. 그래서 2002년, 케어팜을 운영할 재단에 린드붐농장을 넘기면서 마틴 씨에게 운영을 맡기게 되었다고 해요. 케어파밍에 대해 아무것도 몰랐던 마틴 씨는 그때부터 모든 일을 스스로 공부해서 농장 운영을 시작했고, 그의

네덜란드 사람들은 케일을 즐겨 먹기 때문에 텃밭에서 케일은 빠지지 않는 품목입니다. 린드붐농장 고객들이 기르고 수확한 케일.

린드붐농장과 관련된 각종 뉴스를 공유하는 게시판

열정과 성실함 덕에 농장은 점점 성장하게 되었죠.

2002년 시작할 당시 10명이던 농장 고객은 현재 30명 가까이로 늘어났고, 마틴 씨가 채용한 농장 직원들 모두 농업과 헬스케어 두 분야에 동시에 전문성을 보유하고 있다 보니 소수의 직원만으로도 농장은 효율적으로 운영되고 있습니다.

마틴 씨가 생각하는 린드붐 농장의 비전은 어떻게 하면 농장을 키우고 더 많은 우유를 생산할 수 있을까가 아닙니다.

> 15마리면 네덜란드의 일반 젖소 농장 기준으로는 사실 매우 작은 규모죠. 하지만 소가 더 많아지면 우리 고객들이 젖 짜는 일을 감당할 수 없어요. 지금이 딱 좋은 규모입니다. 제 비전은 우리 고객들을 최대한 사회의 일원으로 편입시키는 거예요.

이를 위해 마틴 씨는 고객들이 농장의 직거래 숍에서 판매를 보조하면서 최대한 일반인들과 접촉할 기회를 갖게끔 합니다. 또한 농장 생산물을 인근 식당으로 배달하는 차량은 자원봉사자들이 운전하는데, 여기에 반드시 농장 고객들을 동승시켜 일반인들과의 교류를 통해 사회성을 키우도록 합니다.

> 저도 그렇고 정부 또한 사회적 농업을 통해 원하는 바는, 이 사람들이 우리 사회에서 온전한 기능을 할 수 있도록 궁극적으로 사회에 편입시키는 거예요. 하지만 우리 농장에 오는 사람들은 대부분 중증 장애인들이고 그러다 보니 실제 사회로 돌아가는 사람들은 전체의 10% 정도밖에 안됩니다. 대부분은 평생 농장에 오시다가 삶을 마감하시게 되죠.

린드붐농장은 적정 수준의 농업 활동을 통해 농장 본연의 기능을 잃지 않으면서도 좋은 품질의 케어 제공으로 안정적인 수입이 가능하게끔 함으로써 성공적으로 농장을 유지해올 수 있었습니다.

린드붐농장의 라임나무 앞에서 총괄 책임자 마틴 씨와 함께.

네덜란드 케어팜에서는, 농업으로 얻는 소득은 시장 상황에 따라 해마다 달라질 여지가 큰 반면, 케어 소득은 안정적이라고 합니다. 린드붐농장은 케어로 인한 소득, 즉 정부 및 지자체로부터의 소득이 전체의 70% 정도이기 때문에 운영이 안정적으로 이루어질 수 있다고 합니다.

농장 구석구석을 보여주며 상세히 설명하는 마틴 씨는 직접 성장시킨 케어팜에 대한 자부심이 대단해 보였습니다. 린드붐농장은 소규모로 알차게 운영되는 케어팜의 좋은 사례를 보여 줍니다.

린드붐케어팜 **www.delindeboom.org**

낮은 땅의 진심
멧하톡케어팜

네덜란드의 수도 암스테르담에서 북쪽으로 25km, 국토의 3분의 1이 바다보다 낮은 네덜란드에서도 해발 고도가 가장 낮은 지역 중 하나인 빔스터Westbeemster 시에는 12헥타르(36,300평)의 초지에서 120마리 양을 키우는 멧하톡Met Hart, Tog? 케어팜이 있습니다. 케어팜은 대개 소농에 적합하고 굳이 넓은 땅이 필요하지 않기 때문에 12헥타르면 꽤 큰 규모에 속하는 농장이라고 할 수 있습니다.

농장주의 아들이자 사회복지를 공부하고 가족들과 함께 케어팜을 운영하고 있는 얀Jan 씨는 매일 아침 30분 거리의 암스테르담에서 고객들을 농장 차량을 이용해 픽업해 옵니다. 예전에는 택시를 타고 오게끔 했는데, 고객들이 농장에 오가는 시간 동안 조금이라도 더 대화하는 시간을 가지면서 긴장을 풀고, 사회성도 키울 수 있도록 이제는 직접 픽업을 나간다고 하네요.

멧하톡농장 입구

멧하톡농장에 오는 고객들은 다양합니다. 신체장애, 발달장애가 있는 사람부터 치매 노인, 약물중독자, 그리고 뇌졸중을 겪고 재활중인 환자까지 서로 다른 종류의 사람들이 함께 섞여 있는 것을 선호하는 고객들에게 멧하톡농장은 이상적인 공간입니다. 네덜란드에는 치매 노인, 자폐 아동 등 특정 증상의 고객들만 이용하는 케어팜도 있는 반면 다양한 사람들이 함께 지내는 농장도 많습니다. 그렇기 때문에 고객들은 원하는 유형의 농장을 고를 수 있는 여지가 있는 것이지요.

얀 씨의 하루 일과 중 하나는 신체 활동이 어려운 고객들을 위해 트랙터에 이들을 태우고 농장을 한 바퀴 도는 것입니다. 제가 농장에 도착했을 때 마침 트랙터가 출발 전이어서 농장 고객들과 함께 트랙터 나들이에 동참할 수 있었습니다. 농장이 워낙 넓다 보니 전체를 트랙터로 도는 데만 한 시간 이상 걸렸는데요. 비록 두 발로 걸어다니지 않아도 신선한 공기를 마시며 초지 위에 흩어져 있는 수많은 양떼를 보고 오는 것만으로도 힐링이 됨직한데, 고객들이 단순히 양 구경만 하고 오는 것은 아니랍니다.

조금이라도 더 몸을 움직일 기회를 만들기 위해 얀 씨는 여러 가지 탑승 중 규칙을 만들었어요. 예를 들면 트랙터 앞자리 탑승자는 초지 안의 울타리 문을 여닫기 위해 내렸다 탔다를 반복하게끔 한다던가, 트랙터에서 내려 양떼를 한쪽으로 모는 작업을 함께 합니다. 양을 우리 안으로 모는 과정도 소리 나는 통을 흔들면서 대여섯 사람이 함께 할 수 있게끔 해놨는데요, 세세한 부분까지도 최대한 고객들을 배려해 농장에서 하는 일을 통해 조금이라도 더 성취감을 느낄 수 있게끔 한 것입니다.

어찌 보면 별 것 아닌 일일 수도 있고, 효율성만을 생각한다면 굳이 그런 방식으로 하지 않아도 될 것 같은 여러 작업들이 케어팜에서는 최대한 고객들이 함께 하고 성취감을 얻을 수 있는 방향으로 디자인됩니다. 저는 케어팜의 이런 디테일들을 볼 때마다 감동받습니다.

멧하톡농장 로고로 예쁘게 칠한 트랙터는 고객들과 농장을 돌아다닐 때 사용합니다. 많은 연구 결과가 증명하는 바는, 실내에만 머무는 것보다 녹색의 환경이 만성 질환의 악화 속도를 더디게 하고 삶의 질 향상에 긍정적인 영향을 준다는 것입니다. 농장의 환경은 이를 자연스럽게 실행하게 해 주는 것이지요.

깔끔하게 정리된 농장 안 작업실에서는 목재, 금속 작업 등 기계를 사용한 다양한 일을 할 수 있는데요. 안전 규정을 철저히 준수하고 이에 대한 감사 또한 주기적으로 받고 있기 때문에 안전사고에 대한 걱정은 할 필요가 없다고 합니다. 위험한 기계는 반드시 정식 자격이 있는 직원들만 다룰 수 있게끔 해놓았고요.

농장에서는 직업 교육 기관과 연계해서 정식 트레이닝 과정을 밟을 수도 있기 때문에 기술을 익히고자 하는 고객들에게도 기회가 열려 있습니다.

멧하톡농장 작업장

얀 씨는 고객들이 자신만의 세계에 갇히지 않고 사회와 소통하게 하려면 컴퓨터를 사용할 수 있게 하는 것이 중요하다고 강조합니다. 작업도구 보관실 한켠에는 컴퓨터 테이블이 있어서 고객들이 사용할 수 있게 해놓았습니다.

멧하톡농장에서는 작은 온실과 노지에서 채소와 과일도 재배합니다. 제가 방문했을 때는 대부분 수확을 한 상태였는데 토마토, 오이, 비트 등 채소와 딸기 같은 베리류 등 다양한 작물을 키우고 이렇게 기른 작물은 모두 농장에서 직접 요리해 먹습니다. 기계를 다루는 일보다 땅에서 하는 작업을 선호하는 고객들은 주로 텃밭과 온실에서 일합니다.

상대적으로 활발한 신체 활동이 가능한 고객들은 농장에서 여러 가지 일을 하는데요, 해수면보다 낮은 간척지다 보니 배수 작업은 농장에서 해야 할 중요한 일 중 하나입니다.

사진은 멧하톡농장 초지의 배수로인데요, 멧하톡농장에는 굉장히 많은 배수용 파이프가 묻혀 있다고 해요. 비가 오면 진흙으로 막히기 쉬운 초지의 배수로 청소는 햇빛을 받으며 할 수 있고 많이 걸을 수 있기 때문에 신체 건강에도 도움이 되는 의미 있는 작업이고, 이 외에도 잡초 제거 등 야외에서 할 수 있는 일은 많습니다.

케어팜에서 빼놓을 수 없는 것이 바로 동물인데요, 멧하톡농장에는 양뿐만 아니라 소, 염소, 조랑말, 돼지, 닭, 개, 고양이 등이 함께 살고 있습니다. 생산 목적이 아니라 오로지 고객을 위한 동물들이 농장에 함께 사는 거죠. 농장에 고양이가 있는 것이 굉장히 중요하다고 얀 씨는 말합니다. 여러 가지 이유로 집에서 반려동물을 키우지 못하는 사람들이, 고양이가 있다는 이유로 멧하톡농장을 선택하기도 한다고 해요.

멧하톡케어팜 51

평소에는 위 사진처럼 방목해 기르고, 겨울에 눈이 많이 와서 풀을 먹일 수 없을 때에만 양들을 축사(아래 사진)에 들인다고 합니다.

멧하톡농장은 어떻게 시작되었을까요? 케어팜을 시작하게 된 이야기를 듣는 일은 참 흥미롭습니다. 시작하게 된 계기를 알면 비로소 그 농장이 더 가깝게 느껴진다고 해야 할까요?

네덜란드 대부분의 케어팜들처럼 멧하톡도 일반적인 생산 농장에서 케어팜으로 전환했습니다. 농장주인 아버지 얀 시니어 씨는 원래 젖소 농장을 운영했는데, 네덜란드 낙농업 내부의 경쟁이 굉장히 치열해서 운영하기가 쉽지 않았다고 해요. 그러다 보니 이 넓은 땅을 이용해서 꼭 젖소 농장이 아니라 다른 것을 할 수도 있겠다는 생각을 하게 되었고요. 그러던 중 2000년대 초반 네덜란드에 케어팜 붐이 일었고, 얀 시니어 씨는 지역의 케어팜협회에서 제공하는 2년 과정의 저녁 교육 프로그램에 등록합니다. 교육 내용은 일반 농부들을 위한 농업과 케어가 결합된 과정이었죠. 교육 과정에는 인근의 100여 개 농장 대부분이 참여했다고 하니, 당시 케어팜에 대한 뜨거운 관심을 알 수 있습니다. 교육을 마치고 마침내 2006년 멧하톡은 케어팜으로 전환하게 됩니다. 마침 부인 마리엣 여사가 간호사인 점도 이런 결정에 한 몫을 했다고 하네요.

네덜란드에는 각 주마다 케어팜협회가 있는데요, 지역 협회에서는 교육 과정 제공뿐만 아니라 농장의 행정 업무를 대신해 주고, 케어팜을 이용하고자 하는 고객들에게 적합한 농장을 매칭해 소개해 주기도 합니다(모든 지역협회가 다 그렇진 않고, 이런 업무들을 함께 하는 지역 협회들도 있다고 이해하시면 좀 더 정확합니다). 손이 많이 가고 어려운 행정 업무를 대신해 주고 케어팜 유지에 필요한 여러 도움을 주는 협회에 가입하는 것이 비록 비용이 들더라도 농부들에게는 많은 도움이 된다고 해요. 또한 전국 조직인 케어팜연합에 가입하고 여기서 부여하는 품질 인증 마크를 받으려면 그 전에 지역 협회 가입이 필수이기도 합니다.

케어팜으로 전환한 지 이제 만 13년이 되었는데요, 멧하톡농장은 농업 생산을 위한 농장이 아니라고 아들 얀 씨는 잘라 말합니다.

> **양고기로 수입이 생기긴 하지만 양은 고기 목적이 아니라 고객들을 위해 있는 거예요.**

원래 소를 키우던 농장을 양 농장으로 바꾼 이유도 고객들이 덩치 큰 동물을 무서워했기 때문이라는 건데요.

> **밭농사로 돈을 벌려면 텃밭을 아주 잘 가꿔야 하겠죠. 우리 고객들이 기본적인 잡초 제거 등 밭일을 하긴 하지만, 제대로 밭농사를 하긴 힘들고 저도 그렇게 하길 원하지 않아요.**

실제로 농장 수입의 80%는 돌봄 서비스로 정부에서 받는 복지 예산입니다. 토지 임대(얀 시니어 씨는 40헥타르의 땅을 갖고 있지만 12헥타르만 케어팜으로 이용하고 나머지 땅은 인근 농장에 빌려 줘 임대료를 받습니다.), 양고기 판매, 인근에서 맥주를 만드는 데 사용할 홉 판매 등으로 나머지 20% 정도의 수입을 얻는다고 해요.

2019년부터 새롭게 시작한 일 중 하나는 인근 학교에서 학습 장애가 있는 아이들을 받아 특수 교육 및 농업 교육을 하는 것입니다. 아이들을 받으려면 자격을 갖춘 교사나 직원이 있어야 함은 물론 훨씬 까다로운 규정을 지켜야 하기 때문에 모든 농장이 아이들을 받는 것은 아니고 멧하톡농장 또한 성인 고객만 받아 왔어요.

하지만 멧하톡농장의 드넓은 환경에 감탄한 지인을 통해 학교에서 연락을 받았고, 마침 농장 건물의 남는 공간을 활용해 아이들에게 제공하기로 했다고 합니다. 아이들은 학교에 가는 대신 선생님과 함께 농장으로 오는데, 텃밭을 가꾸고 농기계를 다뤄 보면서 소규모 교육을 진행한다고 합니다.

낮 12시가 되면 모두 하던 일을 멈추고 식당에 모여 마리엣 여사가 고객들과 함께 요리한 전통 네덜란드 음식으로 점심을 먹습니다. 식당 벽 게시판에는 오늘 농장으로 출근한 사람들 명단과 함께 오전과 오후로 나눠서 할 일들이 적혀 있습니다. 농장으로 출근하면 여기 적힌 일들을 보고 그날 할 일을 정해서 하기 때문에 체계적으로 하루를 보낼 수 있고, 특히 정신적인 문제가 있는 고객에게는 이렇게 미리 할 일을 알려주는 것이 중요합니다.

멧하톡농장을 운영하는 마리엣 여사(왼쪽)와 아들 얀 씨(가운데)와 함께.

떠나면서 선물도 받았는데요, 멧하톡농장에서 기른 홉으로 만든 지역 맥주(왼쪽)와 농장에서 만든 바질 오일(오른쪽)입니다.

"멧하톡"이라는 네덜란드 말은 "마음을 다해, 진심으로"라는 뜻입니다. 이름 그대로 농장을 찾는 고객들에 대한 얀 씨 가족의 진심어린 돌봄과 관심을 느낄 수 있었습니다.

멧하톡케어팜 www.hartogzorg.nl

케어팜도 아이디어가 승부한다
블로멘달케어팜

앞서 네덜란드 농업의 트렌드 중 하나로 다원적 농업을 말씀드렸는데요. 그렇게 농업 생산이 아닌 쪽으로 초점을 맞춘 농장들은 각 농장의 특색에 맞게 다양한 아이디어를 가지고 농장을 운영하곤 합니다. 케어팜도 다원적 농업의 한 갈래로 볼 수 있는데요, 그렇다고 케어팜에서 케어(돌봄)만 제공하라는 법은 없지요. 많은 케어팜들이 주된 목적인 케어 제공 이외에도 여러 서비스를 제공하기도 합니다. 가장 흔한 예로는, 농가 민박이나 농산물 숍을 운영한다던가, 카페나 레스토랑을 운영하는 등이죠.

네덜란드 중부의 도시 아머스포르트Amersfoort 시내 중심에서 외곽으로 5km 정도 동쪽에 위치한 블로멘달Blommendal농장은 케어팜으로서 케어 이외에도 다양한 아이디어를 접목시켜 여러 가지를 운영한다는 점에서 주목할 만한 곳입니다.

블로멘달케어팜 입구

블로멘달농장을 운영하는 키스Kees 씨는 부모님으로부터 15헥타르의 농장을 물려받았지만, 농업으로 충분한 소득을 얻기에는 규모가 작았다고 합니다. 마침 주변 농장들이 케어팜으로 전환하면서 키스 씨도 이에 관심이 생겼고, 특수아동교육에 경험이 있는 아내 비Bea 씨가 이런 생각에 든든한 지원군이 되어 주었죠.

네덜란드에는 학교나 기업 등이 홍보 목적으로 '오픈데이OPEN DAG'라는 행사를 여는 경우가 많은데요, 일부 케어팜 들도 이러한 오픈데이를 열어 관심 있는 사람들이 누구나 찾아가서 농장을 둘러볼 수 있도록 합니다. 케어팜을 이용하고 싶어하는 사람들뿐만 아니라 운영해 보고 싶은 사람들도 오픈데이에 찾아가서 농장주와 이야기를 나눠 보고 나와 맞는 곳인지 탐색해 보는 일이 많습니다.

키스와 비 부부는 이렇게 오픈데이 행사를 여는 여러 케어팜을 방문해서 "과연 우리도 할 수 있을까?" 신중하게 고민을 합니다. 그러던 중 성공적으로 작은 케어팜을 운영하는 어느 노부부를 보고, 나이가 있는 사람들도 하는데 우리도 할 수 있겠다는 자신감을 얻어 마침내 케어팜으로의 전환을 결심합니다. 물려받은 농장은 있지만 대부분의 건물이 낡아 있었기에 부부는 식당과 거실 등 새 건물을 짓는 일부터 시작했고, 2006년 마침내 블로멘달 케어팜을 오픈했습니다.

블로멘달농장 이야기를 들려주는 비 씨

7명의 참여객으로 시작한 농장은 입소문으로 찾아오는 사람들이 늘어나면서 현재는 64명이 이용하고 있다고 해요. 이들을 수용하기 위해 부부는 더 많은 건물을 지어야 했고, 근방에 살던 집을 정리하고 농장에서 거주하기 시작했습니다.

참고로 네덜란드 케어팜 들은 농장에 따라 농장에 오는 사람들을 고객, 동료, 이용자, 참여객 등 다양하게 부릅니다. 이러한 이름은 농장이 추구하는 철학에 따라 다른 편입니다.

블로멘달농장은 농장의 자원들이 어떻게 활용되어 수입 증대에 기여할 수 있는지 좋은 예를 보여줍니다.

농장의 동물들 중 말은 여러 목적으로 활용되는데, 참여객에게 돌보고 소통할 수 있는 기회를 제공하고, 동물매개치료와 코칭으로도 활용됩니다. 승마 코칭 자격이 있는 부부의 딸이 일반인들을 대상으로 승마 레슨을 하고, 별도 계약을 맺은 동물매개치료사가 블로멘달농장에서 승마 테라피를 합니다.

블로멘달농장의 승마 훈련 공간

동물매개치료는 반드시 참여객들만을 대상으로 하는 것이 아니라, 치료사가 본인의 고객을 데려올 수도 있습니다. 즉 훈련장을 대여해 주는 거죠.

사진에서 보시는 것처럼, 블로멘달농장 한켠의 잔디밭을 반려견 훈련사에게 대여해 강아지 훈련 장소로도 이용합니다. 네덜란드에는 반려견을 위한 훈련 프로그램이 활성화되어 있다 보니 훈련사들이 농장을 빌려 사용한다고도 하네요.

새로 지은 건물을 활용해 넓은 회의실로 꾸미고 워크숍 등의 장소가 필요한 단체에 빌려주기도 하는데요, 자연 환경 속에서 자유로운 분위기의 행사를 치르고자 하는 사람들에게 적당하죠. 도심에서 호텔 같은 곳을 빌리는 것과는 다른 분위기를 연출할 수 있습니다.

아내 비 씨의 전문 분야는 어린이 및 청소년 케어이다 보니 직접 노인들을 돌보진 않고, 벨진Welzin이라는 지역의 복지 단체에 건물 한 채를 임대하여 치매 초기 및 독거 노인들의 데이케어 센터로 활용하고 있습니다.

블로멘달농장은 2019년부터 '케어캠핑'이라는 이름의 사업을 새로 시작했습니다. 자폐증 등으로 농장을 이용하려는 아이들이 부모와 함께 주말 동안 농장에 와서 부모는 캠핑장을 이용하고, 아이들은 농장에서 돌봄을 받을 수 있게 하는 것입니다. 텐트 두 개를 시작으로 2020년에는 네 개로 늘리는 것이 목표라고 하네요.

2019년부터 시작한 케어캠핑장 모습

안주인 비 씨는 또한 본인의 경력을 활용해 특별한 프로그램을 만들었습니다.

네덜란드 특수교육이 점점 소규모, 특성화를 지향하다 보니 일반 학교에서 따라가기에는 어려움이 있지만 특수학교에 가기에는 상대적으로 잘하는 아이들이 일반 학교에 다니면서 어려움을 겪는 일이 생긴다고 합니다. 또 일시적인 가정 문제나 학교 내 괴롭힘 등으로 정상적인 학교생활이 어려워 일정 시간 학교에서 벗어나는 것이 좋을 것으로 판단되는 아이들도 있지요. 비 씨는 이러한 아이들이 학교 교육 과정에 뒤처지지 않으면서도 안전한 곳에서 충분한 관심과 교육을 받을 수 있도록 '타임아웃'이라는 프로그램을 고안하고 다른 케어팜들을 설득해서 이 프로그램을 실행하기 위한 재단을 설립했습니다.

'타임아웃'은 아이들이 일주일에 한 번 혹은 일정 기간 동안 학교 대신 농장에 와서 지내면서 다시 학교로 돌아가 적응할 힘을 갖도록 해주는 프로그램입니다. 농장이라는 이점을 살려 동물을 돌보거나 야외 활동을 하며 심리적으로 안정과 평온함을 가질 수 있도록 하고, 또 나머지 시간에는 농장 안 아늑한 공간에서 학습을 하면서 학교로 돌아갔을 때 무리없이 적응할 수 있도록 하는 것이죠.

'타임아웃' 프로그램에 참여하는 농장이 한때 여덟 군데까지 늘어났지만, 몇 개 농장이 개별 사정으로 중단하면서 지금은 블로멘달농장을

농장에 오는 아이들이 이용하는 장난감과 학습 도구들

실내에서 기르는 새. 새를 돌보는 일도 농장 참여객들의 정서에 도움이 됩니다.

비롯한 세 개 농장이 개별적으로 이 프로그램을 운영하고 있습니다. 인근 학교에 '타임아웃' 프로그램이 알려져 있기 때문에 도움이 필요한 아동이 있으면 학교에서 먼저 연락이 온다고 해요.

농장 건물 안의 게시판

어린이들이 이용하는 농장에서 쉽게 볼 수 있는 놀이 자전거

그날그날 농장에 온 참여객들과 출근한 직원들을 바로 알 수 있도록 이름을 표기하는 게시판

블로멘달농장 참여객들은 대부분 자폐 등의 정신적인 문제를 갖고 있는 아동 및 청소년들이고 이들이 농장에서 하는 일은 다른 케어팜들과 크게 다르지 않습니다. 동물을 돌보거나 농업용 장비 수리 등을 돕는 것은 기본이고요. 트랙터 운전을 배우고, 수공예에 참여하는 등 직업 교육도 받을 수 있어요.

작업실에서는 청소년 참여객과 어르신들이 함께 크리스마스용 장식품을 만들고 있었습니다(위). 케어팜 참여객들이 직접 만든 장식품들은 크리스마스 행사 때 판매할 예정이라고 합니다(아래).

블로멘달농장은 우유와 달걀 생산으로 농업 소득도 올리고 있습니다. 물론 케어 소득에 비하면 적은 수준이기는 합니다. 닭장에는 언제든 드나들 수 있는 통로가 있어서 닭이 안팎을 자유롭게 다닐 수 있습니다(위). 농장에서 생산한 계란을 닦고 포장하는 일도 참여객들이 함께 하는 일 중 하나입니다(아래).

참여객들이 하는 일 중에는 나무를 자르고 장작을 만드는 일도 있는데요, 이 나무들은 난방에 사용됩니다. 네덜란드 농장들은 겨울철에 장작으로 난방하는 난로를 사용하거나 주변 이웃들에게 판매도 해서 겨울철 활동으로 장작을 만드는 농장이 많습니다.

농장에는 다양한 동물이 있습니다. 젖소, 말, 토끼, 닭, 염소, 양, 라마, 알파카, 기니피그까지 농장에서 살고 있습니다. 특히 토끼와 기니피그는 덩치가 큰 동물보다 돌보기가 쉽기 때문에 어린 아이들이 좋아하고, 동물 우리 청소나 먹이 주기 등 아이들이 책임감을 갖고 할 수 있는 일을 만들어 주는 측면에서도 좋다고 하네요.

알파카

토끼장. 앞의 하얀 통에는 각 동물별 먹이가 들어 있어서 참여객들이 쉽게 인식하고 먹이를 줄 수 있습니다.

염소는 사람을 좋아하고 크기도 적당해서 케어팜에서 많이 키우는 동물 중 하나입니다.

농장의 여러 건물에는 휴식이나 식사를 할 수 있는 아늑한 공간들이 있지만, 야외를 선호하는 대부분의 고객들은 날씨가 안 좋은 날만 제외하면 주로 오픈된 공간에 둘러앉아 대화를 나누고 휴식을 취합니다.

오른쪽 위 사진은 블로멘달농장 참여객들이 가장 선호하는 휴식 공간입니다. 방금 사람들이 앉아 있다가 일어났는데도 상당히 깔끔하게 정돈되어 있습니다. 이 곳은 완전한 실내가 아니고 한쪽 면이 개방된 오픈형 공간이라 야외에 있는 느낌을 줄 수도 있습니다.

오른쪽 아래 사진은 어르신들이 야외에서 차를 마시고 휴식을 취하는 공간으로 인기가 좋다고 합니다.

네덜란드 케어팜에 관심을 갖고 계신 분들과 이야기하다 보면, 농장에서 하는 일은 곧 노동이고 노동을 했으니 그 대가로 급여를 받아야 한다고 생각하는 분들도 있습니다. 하지만 이들이 하는 일을 노동의 가치로만 환산한다면 대부분의 참여객들은 장애가 없는 사람들만큼 일하기가 어렵고, 농장은 더 이상 이들을 필요로 하지 않게 되겠지요.

보는 관점을 달리해서, 참여객들이 얼만큼의 노동을 제공했는지가 아니라 농장에서 시간을 보내면서 어떤 효용을 얻었는지를 본다면 케어팜의 가치를 제대로 이해하는데 한 걸음 가까워질 수 있을 것입니다.

농장에서 일하면서 규칙적인 생활을 할 수 있는 정신적, 신체적 상태가 되고 또 일을 통해 성취감을 느끼며 자기만족을 얻는 과정을 통해 정신적으로 발전하는 것이죠.

따라서 케어팜에서는 참여객이 무리하게 일을 하는 것이 아니라, 할 수 있는 만큼 적절하게 일을 하면서 이를 즐기도록 도와주는 것이 중요합니다.

농장에는 채소밭도 있고 정원도 있습니다. 요즘 유행하는 식용 꽃도 재배하고 있고요. 콩, 당근, 아스파라거스, 토마토, 파프리카, 오이 등 채소들을 조금씩 다양하게 재배하고 있답니다.

블로멘달농장이 보유한 자격과 인증 마크들

네덜란드 케어팜은 가지고 있는 인증이나 자격 등의 마크를 부착해 놓게 되어 있습니다. 위 사진에서 보시면 가장 왼쪽부터 순서대로,

- 아이들에게 승마 테라피를 할 수 있다는 자격
- 네덜란드 케어팜 연합에서 부여하는 품질 인증 마크
- 케어 등 관련 공부를 하는 학생들이 인턴십을 할 수 있다는 인증 마크
- 지역 케어팜 협회 회원 표식

이러한 마크들은 기본적으로 이 농장의 질적인 면을 보여주기 때문에 찾아오는 사람들이 신뢰할 수 있게 해 줍니다.

왜 학부모들이 멀리서도 블로멘달농장을 찾아오냐는 질문에 비 씨는 망설임 없이 대답합니다.

> 우리 농장이 워낙 아름답고 분위기가 좋다고들 해요. 특히 농장이 깔끔하게 잘 정돈돼 있어서 좋아하시는 것 같아요. 예전에 오픈데이 다닐 때 규모가 큰 농장은 왠지 별로 마음에 들지 않았어요. 그래서 우리도 7명으로 작게 시작한 건데, 지금은 우리가 그때 그 농장만큼 규모가 커져 버렸네요.

같은 케어팜일지라도 결과는 새로운 아이디어를 통한 농장주의 정성과 노력에 달려 있음을 블로멘달농장이 보여 주고 있었습니다.

비 씨의 말처럼 블로멘달농장은 구석구석 깔끔하고 예쁘게 정돈되지 않은 곳이 없었습니다.

블로멘달케어팜 www.zorgboerderijblommendal.nl

다재다능한 케어팜
드후퍼농장

네덜란드 케어팜의 성격을 이해하는 방식 중 하나는 다양한 사회적 약자들을 위한 데이케어 센터로 보는 것입니다.

농장에서 24시간 돌봄을 받고 거주하는 요양원 같은 형태의 케어팜도 있지만, 이는 소수에 불과합니다. 대부분의 케어팜 고객들은 본인의 집에서 거주하면서 농장에 '출퇴근' 합니다. 이러한 방식의 돌봄을 '데이케어Daycare'라고 칭합니다.

이러한 데이케어 형태의 케어팜을 이용하는 사람들은 대개 농업 활동을 포함한 농장의 다양한 일들을 돕거나 소극적인 의미의 돌봄(중증 환자에 대한 의료적 돌봄과 구분하기 위해 소극적이라는 단어를 사용했습니다.)을 받는데요. 하지만 케어팜의 역할이 여기서 그치는 것이 아니라는 걸 보여주는 농장이 있습니다.

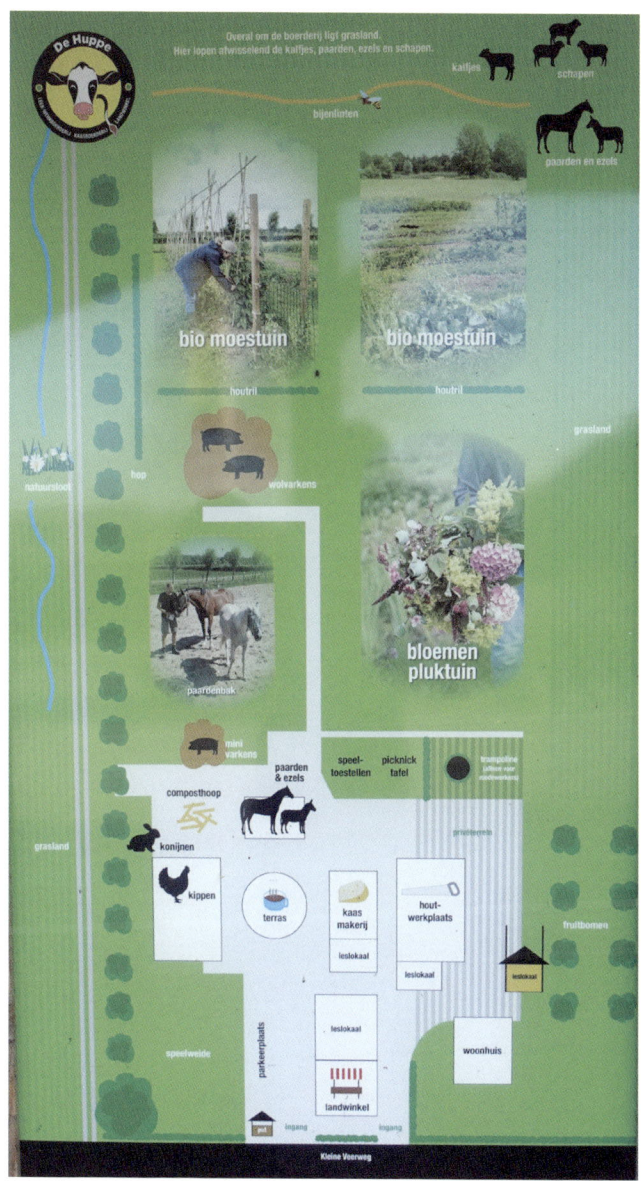

드후퍼농장 구조를 보여 주는 지도

드후퍼농장 농장주 알폰스Alfons 씨는 참여객 한 사람 한 사람의 목표와 미래의 삶에 주목합니다. 다른 농장에서처럼 일을 함께 하며 돕지만, 드후퍼농장 참여객들에겐 플러스 알파가 있습니다. 바로 직업 코칭이죠.

> 우리 농장에 오는 사람들 대부분은 사실 일반적인 직업을 갖기가 힘들어요. 어떤 사람들은 단지 갈 곳이 있고, 할 일이 있다는 것만으로도 만족해합니다. 하지만 좀 더 일에 대한 열정이 있는 사람들, 특히 아이들과 젊은이들은 달라요. 많은 이들이 사회로 돌아가고 싶어하고 그러기 위한 연결 다리를 원하죠.

이를 위해 부인 윌마Wilma 씨는 농장 직원들과 함께 참여객 개개인에게 맞는 일의 교육 및 코칭을 제공합니다. 직업 코칭에는 사회에서 적당한 일터를 찾아 그 조직에 적응하도록 돕는 사후 관리까지 포함됩니다. 예를 들면 참여객의 새 직장 동료들에게 미리 이 사람의 증상을 어떻게 자연스럽게 받아들이면서 함께 일할 수 있는지 설명하고 도울 수 있게끔 하는 식입니다. 이들은 코치인 윌마 씨와 함께 교육에 따르는 실습 과정까지 거칠 수 있다고 하니, 웬만한 교육 기관과 다름없는 교육 서비스를 받을 수 있는 거죠.

청소년들은 농장과 협력 관계를 맺고 있는 인근의 실업계 고등학교와 연계해 여러 기술을 배울 수도 있습니다. 농업에 흥미가 있는 청소년은 트랙터 다루는 법을 배우기도 합니다. 농사보다 도구 다루기를 선호하는 참여객은 목재 작업실에서 다양한 물건을 만듭니다. 목재 작업은 취미 수준을 넘어 전문가다운 결과물을 만드는 것이 목표입니다.

농장에서의 교육이 반드시 기술 교육일 필요는 없습니다. 알콜 중독으로 생활의 리듬이 망가진 사람에게는 매일 정해진 시간표에 따라 생활하게끔 하는 것만으로도 충분히 활력을 되찾게 해 줄 수 있다고 하는데요. 그럼으로써 다시 일을 시작할 수 있게 된다면 사회로 복귀할 수 있으니 케어팜에서 얻을 수 있는 긍정적인 효과는 이렇게 다양합니다.

드후퍼농장은 발달장애, 자폐 등 정신적인 문제가 있는 아이들과 성인들을 비롯해 신체장애인, 알콜중독자, 경증 치매 어르신 등 다양한 문제와 연령의 사람들이 함께 이용하고 있는데, 참여객 대부분은 비교적 심각한 증상을 겪는 사람들입니다. 증상이 아주 심한 경우는 일대일로 수퍼바이저와 함께 시간을 보내고, 그 외의 사람들도 3~5명이 한 그룹이 되어 수퍼바이저와 함께 일과 학습을 하는 소규모 케어가 이뤄집니다.

그런데 증상이 심한 사람들도 과연 농장에서 잘 지낼 수 있을까요? 알폰스 씨는 의료나 복지 시설에서 지내는 것보다 소규모small-scale 케어가 개별 요구를 맞출 수 있기 때문에 훨씬 효과적이고, 또한 자격을 갖춘 이들이 돌보기 때문에 오히려 농장이 이들에게 훨씬 좋은 환경이라고 강조합니다. 예를 들어, 복지관이나 요양 시설 같은 기관에서 지낸다면 수용 인원이 100~200명이 될 정도로 많기 때문에 정해진 프로그램에 맞춰 단체로 활동을 하는 게 일반적인데요. 그날 하게 되는 활동이 내가 좋아하지 않는 일이라면, 예를 들어 다 같이 요리를 하는 날인데 요리를 싫어하는 사람이라면 그런 시설에서 지내는 것이 치유에 도움이 되기 어렵고 만족도도 떨어지겠죠.

네덜란드 케어팜과 같은 소규모 케어의 장점이 바로 여기에 있습니다. 농장에서 할 수 있는 일의 종류가 매우 다양하고 참여객들은 원하는 일을 선택해서 할 수 있기 때문에 만족도가 높고 당연히 치유의 질도 높아지는 거죠.

드후퍼농장에 오는 아이들은 대부분 증상이 심각해서 특수학교에서도 적응하기 어려워하는 아이들입니다. 네덜란드의 일반 학교는 한 반에 25명 정도, 특수학교는 10명 정도를 한 선생님이 가르치는데요, 드후퍼농장에서는 선생님과 일대일 또는 선생님과 두세 명의 아이들이 한 조가 되어 교육을 받습니다. 학교 및 교육 기관과 계약을 맺고 정식 자격을 갖춘 교사가 교육을 하기 때문에 농장에서 공부한 아이들도 학교에서와 똑같이 졸업장을 받을 수 있다고 합니다. 부인 윌마 씨도 그러한 교사 중 한 명입니다. 특수학교에도 다니지 못할 만큼 돌보기 까다로운 아이들을 농장에서 교육한다는 점이 인상 깊습니다. 이 아이들은 집중력이 떨어지기 때문에 학교에서처럼 수업시간 내내 한 가지 주제에 집중하는 형식으로는 교육이 어렵습니다. 따라서 30분 정도 학습을 하고 나면 농장에서 할 수 있는 다른 활동을 통해 교육이 이루어지도록 합니다.

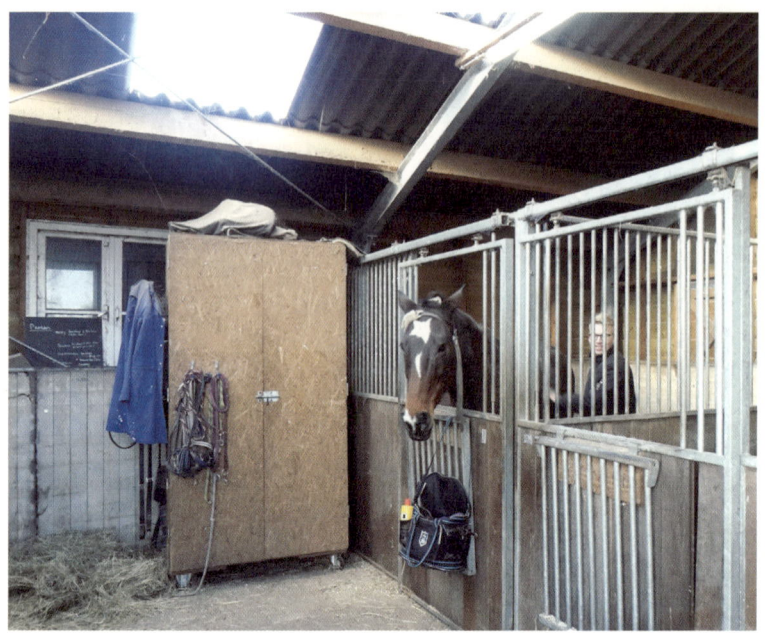

말을 돌보는 것도 참여객들의 주요 업무 중 하나입니다. 말은 심리 치료를 위한 코칭에 많이 쓰이는 동물입니다.

예를 들어, 잘라 놓은 나무를 가지고 작업을 한다면 이 아이들은 필요한 나무 조각 개수를 세어 보는 산수를 해야 하고, 또 길이를 재서 필요에 맞게 활용해야 합니다. 이런 식으로 드후퍼농장 교사들은 농장에서 가능한 여러 활동을 아이들과 함께 하면서 거기에 교육을 접목시키는 역할을 합니다.

농장의 특수아동 심리치료사는 아이들과 농장 직원들을 대상으로 사회성과 적응력 등이 개선되도록 돕는데요. 농장에 오는 많은 아이들이 심리적 장애로 인해 사회성이 부족하고, 본인의 행동이 타인에게 미치는 영향에 대한 이해가 없습니다. 심리치료사는 특히 이런 부분에 집중해서 사회성을 길러주고, 궁극적으로 아이들이 올바로 자랄 수 있도록 상담을 통해 돕습니다. 이런 부분까지 신경 써서 심리치료까지 한다는 점이 인상 깊습니다. 네덜란드 케어팜이 할 수 있는 일은 정말 무궁무진하네요.

장애가 있는 어린이와 청소년 교육에 대한 알폰스 씨의 열의는 새로운 프로그램도 만들었습니다. 우리말로 하면 '소년의 밤', 그리고 '소녀의 밤'입니다. 한 달에 한 번 금요일 저녁에 자폐 등 여러 가지 장애를 갖고 있는 12-16세 사이의 청소년들이 농장에 모입니다. 이들은 함께 음식을 먹으며 영화를 보기도 하고, 성이나 약물 문제, 소셜미디어를 어떻게 사용하나 등의 주제에 대해서도 자유롭게 얘기한다고 해요. 대부분의 이런 청소년들이 친구가 많지 않기 때문에 제대로 된 교육이 없으면 또래들을 통해 여러 가지를 접하게 되고, 그러다 보면 거리로 나가서 알콜, 약물, 잘못된 성 등의 안 좋은 길로 빠질 가능성이 높다고 합니다. 그래서 농장에 와서 이런 이야기들을 터놓고 함께 하면서 나쁜 길로 빠지지 않게끔 도와준다는 것이죠. 또 이런 아이들은 대개 극장 같이 넓고 어두운 공간에 있는 것을 힘들어하고, 친구도 많지 않으니 마땅히 놀만한 공간이 없다고 합니다.

네덜란드의 케어팜에서는 아이들을 위한 이런 그네를 자주 볼 수 있답니다.

알폰스 씨가 주최하는 '소년의 밤'과 '소녀의 밤'은 인기가 좋아서 어떤 아이들은 평소에 농장을 이용하진 않지만 일 년에 열두 번 여기에만 참석하기도 한다네요. 남학생, 여학생 나눠서 열지만 한 번씩은 남녀 함께도 진행한다고 하니 흥미롭습니다.

청소년들을 위한 프로그램뿐만 아니라 알폰스 씨는 성인들을 위한 새로운 일도 시작했는데요. 바로 지자체와 협조해서 혼자 사는 사람들을 돕는 것입니다. 네덜란드에서는 혼자 살면서 외로움이나 우울증 등 부정적인 증상의 가능성이 높은 사람들을 위해 케어 기관에서 정기적으로 그들을 방문하는 시스템이 있습니다. 이를 활용해서 알폰스 씨는 일주일에 한 번씩 혼자 살고 있는 사람들을 모아 저녁식사를 함께 하는 프로그램을 만들었습니다. 여럿이 모여 같이 요리하고 대화하면서 서로 교류하고 사회성을 가질 수 있게끔 하는 거죠. 특히 고독감이나 우울 등 정신적인 문제로 어려운 사람들에게 알폰스 씨의 프로그램이 도움이 된다고 합니다.

그런데 어린 자녀를 농장에 보내는 부모들이 정신적인 문제가 있는 성인들, 특히 중독자 등이 있는 공간에 아이들이 함께 있는 것에 대해서 걱정하지는 않을까요? 저의 의문에 대한 알폰스 씨의 대답은 명쾌합니다.

> 우리가 사는 사회도 다 다른 사람들이 섞여 살고 있잖아요. 각 소그룹마다 인솔자가 함께 하기 때문에 아무 문제 없어요. 솔직히 부모들은 그런 점은 신경 안 씁니다. 부모들이 신경 쓰는 건 그런 게 아니라 아이들이 적절하게 돌봄을 받고 있는지이고, 그 부분에 대해 신뢰하기 때문에 우리 농장에 아이들을 보내는 거죠.

드후퍼농장 참여객은 특수교육 대상 아이들뿐만 아니라 성인들도 많습니다. 성인 참여객들은 목재로 물건을 만들거나 농기계를 사용하기도 하고, 치즈 만들기, 텃밭 가꾸기, 동물 돌보기 등 여러 가지 일을 합니다.

표지판을 따라가면 드후퍼농장에서 기르는 해당 동물들이 나옵니다. 토끼와 닭은 키우기 어렵지 않으면서도 참여객들이 좋아해서 네덜란드 모든 케어팜에 있다고 해도 과언이 아닐 정도입니다(오른쪽 위). 미니 돼지도 네덜란드 케어팜에서 많이 키우는 동물 중 하나입니다(오른쪽 아래).

①

드후퍼농장에서는 네덜란드의 전통 치즈인 구다Gouda 치즈를 일주일에 한 번씩 직접 생산하는데요, 특히 치즈 만드는 작업은 농장 참여객들에게 아주 적합하다고 합니다. 만드는 모든 과정의 순서가 정해져 있기 때문에 만드는 사람 입장에서 예상하지 못한 돌발 상황이 일어나지 않아 자폐 등의 증상이 있는 사람들이 하기에 좋습니다. 또 2시간 정도 소요되는 작업 동안 한 번 시작하면 끝날 때까지 계속 붙어 있거나, 최소한 그날 안에는 끝마쳐야만 하기 때문에 이를 통해 끈기도 배울 수 있다고 하네요. 치즈 만들기는 어떻게 보면 어려워 보이지만 실은 간단한 과정을 거쳐 만들 수 있기 때문에 드후퍼농장을 비롯해서 참여객들이 직접 치즈를 만드는 케어팜들을 찾아볼 수 있습니다(앞에 소개한 린드붐농장이 그 한 예죠).

❶ 치즈 생산 시설
❷ 생산한 치즈의 코팅 과정. 한 번 만들고 나면 치즈 겉면을 코팅하고 이를 날마다 돌려서 보관해야 하는데 이런 과정 또한 참여객들의 몫입니다.
❸ 참여객들이 생산한 치즈
❹ 생산된 치즈를 농장 판매장에서 판매합니다.

유기농업 전문가가 직접 참여객들과 함께 채소밭을 가꿉니다.

채소밭에서는 화학 비료를 일절 배제하고 100% 유기농 씨앗을 이용해 다양한 작물을 매년 바꿔 가며 심고, 이렇게 재배한 채소는 농장에서 참여객들이 직접 요리해 먹거나 직거래 판매장에서 판매합니다.

또 참여객들과 함께 가꾸는 꽃밭은 일반인들에게 개방하는데, 특히나 여름이면 지역 주민들이 자주 찾는 인기 장소입니다. 꽃밭에서 차를 마시며 대화를 나누고 원하는 만큼 꽃다발용 꽃을 꺾어갈 수 있는데, 가져간 만큼의 비용을 지불하기에 이 또한 농장의 소득이 됩니다.

드후퍼농장 참여객들과 함께 가꾸는 꽃밭. 늦가을에 방문한 탓에 꽃이 핀 모습을 볼 수는 없었습니다(위). "Pluktuin"은 영어로 picking garden의 의미입니다. 우리말로 하면 "직접 꺾어가는 꽃밭"이라고 할 수 있겠습니다(아래).

드후퍼농장에서 운영하는 판매장. 앞서 소개한 치즈를 비롯해 농장에서 기른 텃밭 채소와 꽃 그리고 다양한 가공품을 판매합니다.

드후퍼농장은 어떻게 케어팜으로 시작하게 되었을까요? 알폰스 씨 부부가 처음부터 케어팜을 생각했던 것은 아니라고 합니다. 농장을 갖고 있던 부인 윌마 씨의 아버지가 투병 생활로 땅을 팔면서 15헥타르였던 농장이 6헥타르로 작아졌고, 부부는 1997년부터 이 땅에서 작게 낙농업을 시작했습니다. 알폰스 씨의 가족이 운영하는 인근의 젖소 농장에서 우유를 받아와 버터밀크와 치즈를 만들어 파는 일이었습니다. 하지만 고된 일에 비해 소득은 시원치 않았다고 해요.

그러던 중 우연한 기회에 발달장애가 있는 청년 한 명이 농장 일을 돕게 됐고 이런 사람들이 한두 명씩 늘어나게 됐습니다. 마침 사회복지를 공부하고 특수교육 관련 경험이 있던 윌마 씨는 이들이 늘어나면서 본격적으로 케어팜에 뜻을 가지게 됐고, 2005년 드후퍼농장은 케어팜으로 전환했습니다.

알폰스 씨 자신은 케어보다는 농업에 좀 더 적성이 맞다고 말하며 껄껄 웃습니다. 하지만 농장이 이만큼 성장한 데에는 케어에 대한 정부 지원이 주된 요인이었다고 말합니다. 여전히 케어로 인한 수입, 즉 정부 지원이 전체 소득의 80%를 차지하고 있으니 말이죠.

사실 알폰스 씨는 2017년까지만 해도 다른 사무실에 나가 주 5일을 일하는 회사원이었습니다. 물론 농장 운영을 병행하면서요. 그는 돼지 사료를 만드는 회사의 상업 고문입니다. 그러다가 문득 회사 일을 줄

보유한 인증 마크들

이고 농장 일을 좀 더 하기로 마음을 바꿨습니다. 그래서 지금은 주중 이틀은 농장에서 일하고 나머지 사흘만 회사에 나간다고 하네요. 그렇게 마음을 바꾼 이유가 궁금해서 물었더니, "내가 정말 좋아하는 일이 무엇인가"를 고민한 끝에 내린 결정이었다고 합니다.

알폰스 씨의 목표는 농장의 상업적인 부문 즉 케어 이외의 영역을 좀 더 키우는 것입니다. 그러면서 한편으로는 앞에서 말한 지역의 소외된 1인 가구들 그리고 관심과 돌봄이 필요한 청소년들을 위해 다양한 일들을 시도하고 있습니다.

드후퍼농장 야외 공간

케어팜이면서 직업 코칭 기관, 채소 농장이자 치즈 농장, 목재 작업소, 그리고 꽃 정원 등 드후퍼농장의 정체성은 다양합니다. 네덜란드의 수많은 케어팜 사이에서도 드후퍼농장이 꾸준히 성장할 수 있는 원동력이 바로 이런 다재다능함 아닐까요?

드후퍼농장 dehuppe.nl

기본에 충실한 케어팜
밀마스다이크농장

네덜란드 주재 한국 대사관이 있는 도시, 그리고 우리에게는 독립운동의 역사와도 연관이 깊은 곳인 헤이그에서 남쪽으로 차를 타고 30분가량 내려간 마스다이크Maasdijk시에는 1500m^{2}의 온실과 2000m^{2}의 노지에서 농사를 짓는 밀마스다이크Zorgkwekerij Mil Maasdijk 케어팜이 있습니다.

하루에 6~7명 정도의 케어 고객들이 오고, 농장주 피트Piet van Mil 씨와 부인 도린Doriene 씨를 포함한 상주 직원 4명, 자원봉사자들까지 있기에 고객들은 일대일로 돌봄을 받는다고 할 수 있습니다.

밀마스다이크농장의 23명 고객들은 발달장애, 청각장애, 뇌손상, 치매 등 다양한 증상을 갖고 있어서 일반적인 사회생활이 어려운 성인들입니다. 고객들은 봄부터 가을까지는 야외에서 각종 채소와 과일 농사에 참여하고, 겨울이면 실내 작업을 주로 합니다.

밀마스다이크농장 입구. 오른쪽 건물에 농산물 직거래 판매장과 케어 고객들을 위한 휴식 공간과 작업장이 있습니다.

특히 가장 눈에 띄는 일은 바로 자전거 수리인데요. 인구수보다 자전거 숫자가 많은 나라 네덜란드에서 자전거는 누구나 가지고 있는 생활필수품이죠. 피트 씨는 자전거 수리 정도는 장애가 있는 고객들도 함께 할 수 있겠다 생각하고 이웃에서 고장 나거나 버려진 자전거들을 수거해 와서 농장 고객들과 함께 수리하고 판매하는 일을 시작했습니다. 자전거 수리는 곧 꽤 괜찮은 사업이 돼서 지금까지 판매한 자전거만 3,000대나 된다고 해요. 자전거 수리를 도우며 흥미를 느낀 고객 한 명은 전문적인 자전거 수리공의 꿈을 키우게 됐다고 합니다.

농장 고객들과 함께 자전거를 수리하는 공간

직판장 입구에는 이렇게 새 주인을 기다리는 자전거들이 전시되어 있어요.

네덜란드에서도 겨울철에는 야외 작업이 어렵기 때문에 실내에서 할 수 있는 일을 찾게 되는데요, 밀마스다이크농장의 실내 작업은 자전거 수리 외에도 다양합니다.

한쪽 테이블에서는 네 사람이 둘러앉아 무언가를 열심히 만들고 있었는데요, 친환경 에너지 활용이 활발한 네덜란드에서 수요가 많은 태양광 패널을 조립하고 있었습니다. 테이블에 앉아 있는 고객들 중에는 시각장애인 행크 씨도 함께였는데 앞이 보이지 않는다는 사실을 전혀 눈치 챌 수 없을 정도로 아주 능숙하게 작업에 참여하고 있었어요. 조립한 태양광 패널은 인근의 공사 중인 건물에 판매하고 이는 농장의 수입으로 연결됩니다.

조립 중인 태양광 패널 부품들

다른 한쪽에서는 다운증후군을 가진 고객이 작물용 비료 봉투를 만들고 있었는데요. 비료를 작은 비닐봉지에 넣어 사용 설명서와 함께 막대에 매달면 한 개가 완성되고, 이는 이웃의 농장으로 판매합니다. 이 작업을 하는 고객의 옆자리에는 농장주 피트 씨도 앉아 같은 일을 하고 있었어요.

밀마스다이크농장에서는 일을 할 때 고객과 직원이 동등합니다. 장애가 있다고 쉬운 일만 하거나 동정을 받는 것이 아니라, 모두가 같은 일을 하는 것이죠.

비료를 포장 중인 고객의 손놀림

한국에도 장애인들과 함께하는 농장 혹은 보호 작업장은 존재하지만 경영상의 어려운 점 중 하나는 그들의 업무 효율성이 떨어진다는 점입니다.

밀마스다이크농장은 이런 어려움을 어떻게 극복하고 있을까요? 피트 씨는 이렇게 말합니다.

> 솔직히 고객들의 생산성은 5~20% 정도밖에 안돼요. 하지만 우리는 직원과 고객 구분 없이 모두가 책임자로서 같은 일을 하고 있습니다. 우리의 목표는 고객들의 생산성을 올리는 것이 아니라, 하루를 소중하고 보람 있게 보내게끔 하는 것입니다. 제가 항상 외치는 말이 있는데 "자, 해낼 수 있어요!"에요. 이런 식으로 고객들을 격려하는 게 항상 효과가 있지는 않지만, 장애 때문에 할 수 없을 거라고 생각하던 일을 마침내 성공하면 그게 가져오는 성취감은 어마어마하죠. 제가 고객들에게 기대하는 첫 번째는 하루를 즐겁게 보내는 것이고, 두 번째는 자신감을 갖는 거예요. 마지막으로 생산성까지 올릴 수 있다면야 더 좋겠지만, 그게 우선은 아니죠. 그 사이에 균형을 맞춰야 합니다.

농장의 수익을 생각하면 이런 철학을 쉽게 받아들이고 실행에 옮기기 어려울지도 모릅니다. 하지만 피트 씨는 전체 농장 수입의 60% 정도를 차지하는 안정적인 케어 수입 외의 나머지 수입을 최대한 키우기 위해 다방면으로 노력합니다.

채소와 과일을 공들여 재배하는 것은 기본이고 자전거 판매와 각종 조립 작업, 인근에서 간단한 공사 일에 참여하기도 합니다. 손재주가 있는 고객은 예쁜 장식품을 만들어 농장의 직판장에서 판매하고 농작물을 가공해서 만든 잼과 양념 등도 판매합니다.

장애 때문에 하기 어렵다는 편견 없이 다양한 일에 도전함으로써 고객들은 성취감을 맛보고 농장은 수입을 올릴 수 있으니 일석이조죠.

나무로 만든 장식품은 모두 고객들이 직접 만들었고 농장 직판장에서 판매합니다. 작은 병에 담긴 각종 가공 식품들도 고객들이 직접 생산한 제품입니다.

판매 중인 농산물들을 농장 입구에 홍보하는 광고판. 지나가다 이 광고판을 보고 들어오는 소비자들도 있다고 합니다.

밀마스다이크농장 직판장

전통 방식의 유리온실

고객들이 주로 일하는 밭이 있는 곳과 반대 방향으로 햇볕이 잘 드는 농장 한편에는 작은 유리온실 두 동이 있는데요, 무려 80년 정도 된 오래된 온실을 들여온 것이라고 합니다.

밀마스다이크농장이 있는 남부 홀란드 지역에서 많이 사용하던 유형의 온실이라고 하는데요, 별도의 빛이나 열을 가하는 방식이 아니라 낮 동안 해가 비치면 온실 벽이 따뜻해지고, 밤이 되면 그 온기가 남아 작물을 보호해 주는 유리라고 해요. 요즘 네덜란드에서 많이 쓰는 유리온실과 달리 전통적인 방식이죠.

온실을 설치한 자리는 원래 잔디밭이어서 피트 씨가 자녀들과 함께 휴식을 취하던 공간이었는데 이제 자녀들도 다 성장했고, 농장 고객들을 위해 활용하기 위해 2010년에 이 온실을 들여왔다고 합니다.

특히 치매로 농장을 찾는 어르신들이, 어렸을 때 자주 보던 모양의 온실이라면서 여기 와서 일하거나 시간 보내기를 좋아하신다고 해요.

온실 안에서는 포도를 기르고, 다른 과일나무들은 자투리 공간을 활용해서 기릅니다. 온실 벽을 포함한 모든 담벼락에는 복숭아, 배 등 각종 과일나무들이 자라고 있어요.

피트 씨 가족은 이 땅에서 3대째 농장을 운영하고 있습니다. 1980년, 아버지로부터 농장을 구입한 피트 씨는 원래 채소를 재배하는 농부였어요. 처음에 호박, 상추 등을 키우다가 파프리카 재배로 농장을 25년간 운영해 왔습니다. 그러던 중 2005년, 아들이 뇌종양 판정을 받으면서 그의 인생에 큰 변화가 왔다고 해요.

> 다행히 아들은 잘 치료받고 괜찮아졌어요. 하지만 당시에 저는 너무 혼란스러웠고 삶이란 게 얼마나 덧없는지 깨달았습니다. 네덜란드 속담에, 한 대 맞으면 비로소 얼굴을 돌려 다른 쪽을 바라볼 수 있게 된다는 말이 있어요. 저에겐 제 인생을 바꿔 놓은 사건이었죠.

피트 씨는 그동안 사회에서 받은 것을 이제 돌려줘야 할 때라는 생각에, 곧장 농장의 온실들을 팔기로 결심했습니다. 마침 온실을 포함해서 전체 농장 면적의 90%를 좋은 가격에 팔 수 있었기에 경제적인 고민을 덜 수 있었고, 그 후 남은 10% 면적으로 지금의 농장을 운영 중인 것이죠. 그는 이 결정이 더 나은 결정이었는지는 잘 모르겠지만, 최소한 전보다 훨씬 더 행복해졌다고 자신 있게 말합니다.

케어팜으로 전환하기 위해 피트 씨는 1년의 준비 기간을 가졌습니다. 과일나무들을 심고, 온실을 재단장하며, 각종 관련 기관들을 찾아갔죠. 케어에 대한 전문성을 갖추기 위해 부인 도린 씨는 장애인을 위한 케어 과정 교육을 수료했고, 2010년에는 전문 간호사이자 전문 텃밭 관리사인 테오Theo 씨가 농장의 임원으로 함께 일하게 되었습니다.

피트 씨는 케어팜으로 전환하기 전부터 주변의 많은 종자 회사들과 맺은 좋은 관계를 지금까지 유지해 오고 있습니다. 그래서 지금 농사를 짓는데 필요한 씨앗이나 묘목 등은 거의 대부분 종자 회사들에서 팔고 남은 것들을 그냥 받아와서 사용할 수 있다고 해요. 피트 씨가 받아오지 않으면 버려질 것들이기 때문에 서로 좋은 방법인 거죠. 만약에 그런 씨앗과 묘목에 해당하는 가치를 현금으로 받는다면 오히려 게을러질 텐데 일할 수 있는 재료가 마련되고, 그걸로 열심히 일해서 팔면 보람을 느끼면서 더 많은 가치를 만들어 내니 이렇게 순환하는 방식이 너무 좋다고 피트 씨는 이야기합니다.

고객들이 차도 마시고 점심도 먹는 소박한 휴식 공간

밀마스다이크농장 고객들이 재배하는 채소밭. 시금치, 무, 상추 등 채소 25종, 사과와 복숭아 등 과일 10종, 그리고 각종 허브와 꽃을 재배합니다. 이렇게 기른 것들은 모두 농장에 있는 직판장에서 판매합니다.

밭으로 옮겨질 날을 기다리는 모종들

온실 옆 자투리 공간에서는 닭을 키웁니다.

토끼는 케어팜에서 가장 흔한 동물입니다. 크기가 작아서 돌보기가 쉽고 대부분의 사람들이 좋아하기 때문인 것 같아요.

피트 씨를 포함한 직원과 고객들의 한 주 출석 계획을 작성한 출석표. 누가 언제 나오는지 쉽게 볼 수 있어요.

본인의 주요한 업무는 바로 농장 고객들을 '즐겁게' 하는 것이라고 말하는 피트 씨와 이야기를 나누는 동안 그에게서 끊임없이 나오는 긍정적인 에너지를 느낄 수 있었습니다.

밀마스다이크농장은 농업 환경을 이용해 농업인과 사회적 약자들의 삶의 질을 향상시킨다는 케어팜의 기본 가치를 잘 구현하고 있어서 배울 점이 많습니다. 작은 규모나 시설 면으로만 보면 실망할 수도 있습니다. 하지만 수많은 케어팜 가운데 무엇보다 기본에 충실한 밀마스다이크농장은 작지만 알찬 그래서 모범적인 곳이라 부르고 싶습니다.

밀마스다이크농장 www.milmaasdijk-kwekenmetzorg.nl

중독인 재활과 프리미엄 식품의 만남
린덴호프오픈가든

린덴호프오픈가든Lindenhoff Open Tuin은 사회적 취약 계층 가운데 특히 약물 중독 및 정신적 문제로 어려움을 겪는 사람들이 일하는 케어팜입니다. 암스테르담 시내에서 남쪽으로 20분 거리에 있기 때문에 농장이지만 대도시 거주자들이 비교적 쉽게 이용할 수 있습니다.

한국에서 약물과 마약은 대개 범죄의 이미지와 결부되어 '마약 중독자=범죄자'의 시각으로 바라보는 경우가 많아서 이들의 재활에 대해서는 적극적으로 논의가 안되고 있는 것 같습니다. 얼마 전에 한국마약퇴치운동본부에 대한 영상을 본 적이 있는데요, 한국의 마약 중독자들이 재활에 대해 도움을 받을 수 있는 유일한 기관이라고 합니다. 이미 중독이 된 사람들이 벗어나고 싶어도 한국 사회에서는 적극적으로 도움을 받기가 어렵다고 해요. 이들이 치료가 필요한 환자라는 인식이 많이 부족하기 때문이겠죠.

린덴호프농장 입구 표지판

네덜란드에서는 중독자들에 대한 문제를 재활의 관점에서 보다 활발하게 접근하는 움직임이 낯설지 않습니다. 가벼운 마약은 제한적으로 합법화되어 있고 또 개방적이고 합리적인 사회 분위기도 여기에 한몫을 하는 것 같아요.

사회복지와 재활을 전공하고 린덴호프오픈가든을 책임 운영하는 요나단Jonathan 씨는 케어팜이 중독자들의 재활에 최상의 장소라고 말

린덴호프오픈가든 책임 운영자 요나단 씨

합니다. 그에 따르면 재활의 핵심은 실제 유용한 일에 참여함으로써 일에 대해 성취감을 느끼며 자기애를 찾는 것이고, 매니저의 역할은 단지 주인의식을 가질 수 있는 환경을 조성해 주는 것이라고 해요. 이용자들이 '고객'으로 농장에 와서 그저 시간을 보내고 돌아가는 것이 아니라, '근로자'로서 가치 있는 일에 참여해서 자신이 한 일이 실제로 누군가에게 어떤 도움이 된다는 것을 체험하는 것이 중요하다고 요나단 씨는 말합니다. 농장에는 건초를 나르는 비교적 쉬운 일부터 동물 돌보기, 채소 재배에 이르기까지 성취감을 줄 수 있는 다양한 일이 있고, 농장 일을 잘 모른다고 해도 본인이 할 수 있는 작은 일부터 하나씩 하다 보면 성공적인 재활로 이어진다는 것입니다.

수퍼바이저 사스키아 씨

35년 동안 약물 중독자이자 이를 판매하는 딜러로 살았던 사스키아 Saskia 씨는 지난 10년간 린덴호프오픈가든에서 일해왔습니다. 처음에는 다른 이들처럼 농장의 근로자(린덴호프에서는 이용자들을 고객이나 참여객 등의 이름 대신 근로자로 부릅니다)로 린덴호프에 오게 됐지만, 지금은 더 이상 정부의 지원을 받아 농장에 오는 환자가 아닙니다. 중독자의 특성에 대해 잘 아는 그녀는 이제 농장의 수퍼바이저(관리자)입니다. 사스키아 씨는 이렇게 말합니다.

> 제가 요나단 씨한테 얘기한 것 중에 제일 잘한 일은 중독 치료 클리닉에 있던 사람들을 린덴호프로 데리고 오자고 한 거예요. 거기서는 오로지 병실에 갇

> 혀서 약 처방만 받고 인간적인 관심을 받지 못해요. 하지만 농장에 오면 시원한 바깥바람을 쐬며 동물한테 조건 없는 사랑을 받을 수 있고 또 따뜻함을 느낄 수 있죠. 그러면서 정신적으로 성장하게 돼요. 우리한테 필요한 건 단지 그뿐입니다.

하지만 이미 장기간 중독자로 살아온 사람들이 농장에 온다고 갑자기 성실한 근로자로 바뀌지는 않습니다. 농장의 근로자 중 한 명인 대니 씨는 평소에는 돼지를 매우 잘 돌보고 마음도 따뜻한 사람이지만, 일주일에 한두 번씩은 약물에 손을 대고 그런 날은 농장에 오더라도 일을 거의 하지 못한다고 해요. 그렇게 일을 하기 어려운 날에 왜 그를 돌려보내지 않느냐는 물음에 요나단 씨는 단호하게 말합니다.

> 멀쩡할 때만 좋다고 하고 상태가 좋지 않다고 돌려보내는 건 신뢰를 깨뜨리는 일이에요. 항상 당신을 믿는다는 태도로 관계를 쌓아 나가는 것이 아주 중요합니다.

약물에 손을 대고 농장에 와서 일을 거의 하지 못하는 날에는 요나단 씨와 심리치료 담당 직원이 근로자와 끊임없이 상담을 합니다. 하루, 이틀 이렇게 하는 것이 바로 효과가 있지는 않지만 꾸준히 이런 상담 시간을 갖다 보면 분명히 변화가 있다고 요나단 씨는 자신 있게 이야기합니다.

근로자 대니 씨와 농장의 심리치료사 키스 씨

린덴호프오픈가든은 어떤 계기로 탄생했을까요? 오픈가든이 생기기 전인 2006년, 린덴호프농장 전체를 총괄하는 농장주는 기존의 축산에 더해 채소를 직접 재배하기로 했습니다. 효율성만을 따지는 생산 방식이 아닌, 전통 방식으로 재배해 좀 더 맛 좋은 채소 생산을 목표로 린덴호프농장 안에 오픈가든이라는 밭을 마련했어요. 예를 들어 감자를 키운다고 하면 단지 효율성 좋게 많이 생산하는 것이 목표가 아니라, 비록 생산 효율이 높진 않더라도 제대로 된 진정한 감자 맛이 나는 품질 좋은 감자를 생산하는 것에 초점을 맞춘 거죠.

이러한 방식의 농업을 위해서는 더 많은 시간을 들여야 했고, 또 더 많은 노동력이 필요했기에 재배 작업을 전담할 직원을 새로 채용하는 대신, 케어팜 제도를 활용해 '거리의 사람들(네덜란드에서는 약물 중독으로 노숙하는 사람들을 '거리의 사람들'이라 부르기도 합니다)'과 함께 오픈가든 농사를 시작했습니다. 하지만 처음에는 '거리의 사람들'을 돌보느라 농사에 집중하기 어려웠다고 합니다. 그러던 중 사회 복지와 재활 전문가인 요나단 씨가 2009년부터 오픈가든 운영을 맡게 되었고, 요나단 씨는 온갖 노력을 통해 지금과 같은 케어팜을 만들어냈습니다.

현재 린덴호프오픈가든은 바흐닝언대학에서 유기농업을 전공한 염폴 씨, 심리치료사 키스 씨, 수퍼바이저 사스키아 씨와 하루 12~16명씩 농장을 찾는 근로자들과 함께 케어팜을 운영하며 고기로 판매할 소, 돼지, 닭을 돌보고 온실과 노지에서 채소를 재배하고 있어요.

가스콘 품종 돼지

린덴호프농장에서는 프리미엄급 고기를 생산하기 위해 프랑스산 희귀 품종인 가스콘Gascon 품종 돼지와 소를 키웁니다. 린덴호프오픈가든이라고 부르는 케어팜과는 별개로, 좀 더 상업적인 규모로 동물을 키우고 이를 네덜란드 및 인근 나라들에 고기로 판매하는 프리미엄 식품 전문 도매상에게 공급하고 있죠. 린덴호프농장의 로고를 단 식품 배달 차량들을 네덜란드 전역에서 볼 수 있답니다.

오픈가든 노지 밭과 온실. 제가 방문했을 때는 수확을 끝낸 시즌이라 밭이 비어 있었습니다.

1헥타르의 밭은 여러 온실과 노지로 이루어져 있습니다. 여기서 어떤 작물을 재배할지 매년 다른 계획을 세우는데요, 항상 같은 작물을 심는 것이 아니라 남들이 잘 재배하지 않는 새롭고 인기 있을 법한 작물을 찾아서 재배합니다. 예를 들면 요즘 네덜란드에서는 식용 꽃을 요리에 활용하는 사람들이 많은데요, 이미 잘 알려진 꽃이 아니라 새로운 식용 꽃을 찾아 키워 보는 것이죠. 왜냐하면 린덴호프의 농산물을 찾는 고객들은 기존의 뻔한 식품보다 항상 새로운 것을 찾기 때문이라고 합니다.

린덴호프농장은 '거리의 사람들'과 함께 밭을 가꾸고 동물을 키우지만, 또 한편으로는 농장에서 재배할 고급 식재료의 새로운 트렌드를 찾고 판매하기 위해 암스테르담의 백만장자들과도 일한다고 하니 참 재미있습니다.

그러면 린덴호프오픈가든은 어떤 방식으로 수입을 얻고 있을까요? 전체 수입의 절반 정도는 농업 생산에서 얻는데요, 여기에는 키운 채소와 허브 판매, 주변 자연환경 정비(운하 청소, 숲과 공원 관리 등), 린덴호프의 동물들을 돌보고 농장주로부터 받는 임금 등이 포함됩니다. 나머지 절반은 농장 근로자들에 대한 케어 서비스로 정부에서 지급하는 지원금입니다. 그런데 네덜란드의 복지 제도는 모든 사람에게 같은 금액을 지급하지는 않습니다. 증상의 경중에 따라, 그 사람의 경제 수준이나 가족 등 여러 가지 상황을 고려하는데요, 그러다 보니 다루기 힘든 근로자라고 해서 항상 지원금이 많고 그렇지 않다고 적고, 이런 식은 아니라고 합니다. 어떻게 보면 행정상의 한계라고도 볼 수 있을 것 같은데요, 케어팜에 대한 제도와 법령을 만들고 있는 우리나라에서도 짚어봐야 하는 내용이라고 생각합니다.

린덴호프오픈가든에는 중독자들뿐만 아니라 각종 정신질환이 있는 사람들도 근로자로 참여하고 있는데요, 이렇게 크게 두 가지의 다른 문제가 있는 사람들이 함께 어울리는 것이 서로 도움이 된다고 합니다. 중독자들은 대체로 공격적인 성향이 있고, 정신질환자들은 소극적이고 부정적인 경향이 있기 때문에 함께 일할 때 서로를 보완해 줄 수 있다고 합니다. 반면, 어르신이나 자폐증이 있는 사람들은 여기서 함께 일하기에는 좋지 않다고 해요. 왜냐하면 네덜란드의 케어팜들은 1,250여 개에 달하는 그 수만큼 각각 다양한 성격을 가지고 있고, 이런 분들은 린덴호프보다는 다른 성격의 농장에서 더 적합한 종류의 돌봄을 받을 수 있기 때문입니다.

네덜란드의 케어팜 들을 보면 다양한 문제를 겪는 사람들이 섞여 있는 곳이 많지만, 섞여 있는 것이 항상 바람직하지는 않습니다. 이용자들의 성향과 특징을 세심히 고려해서 농장에서 서로 조화를 이루어 일을 하고 돌봄을 받을 수 있도록 하는 것이 중요합니다.

발달 장애나 자폐 등이 있는 대다수 케어 고객들은 주로 본인이나 가족의 의사로 농장을 이용하는 데 반해, 상대적으로 중독자나 노숙인 같은 경우 먼저 적극적으로 그런 의지를 가지기는 쉽지 않습니다. 따라서 구세군과 재활치료센터 등 각종 관련 기관들을 다니며 본인의 철학을 얘기하고 근로자들이 올 수 있게 책임자들을 설득하는 것도 요나단 씨의 일 중 하나입니다. 10년 전 처음 시작할 때만 해도 요나단 씨를 믿고 협력하는 사람들은 많지 않았지만, 이제는 농장의 순기능을 다들 알고 있기 때문에 근로자들이 오고 협력 관계를 맺기가 한결 수월해졌다고 합니다.

농산물 식품점에 방문하는 고객들을 위한 작은 놀이터

한편 근로자들도 대개 처음부터 농장에 오고 싶어 하지는 않는다고 합니다. 단순히 일하는 것이 싫을 수도 있고 또 도시 사람들의 경우 농장이 낯설 수도 있지요. 대부분 처음 오게 되는 계기는, 이들이 지내는 기관에서 반드시 일정 시간 외부에서 일을 해야 하는 조건이 있기 때문에 처음에는 떠밀리듯 차를 타고 온다고 합니다. 그러다가 녹색의 환경과 동물이 있는 케어팜에서 일하는 것을 차츰 좋아하게 되고 그러면서 서서히 중독에서 벗어난다고 합니다. 한국의 노숙인 쉼터, 중독자 치료 기관 등에서도 이러한 네덜란드의 사례를 긍정적으로 살펴보면 좋겠습니다.

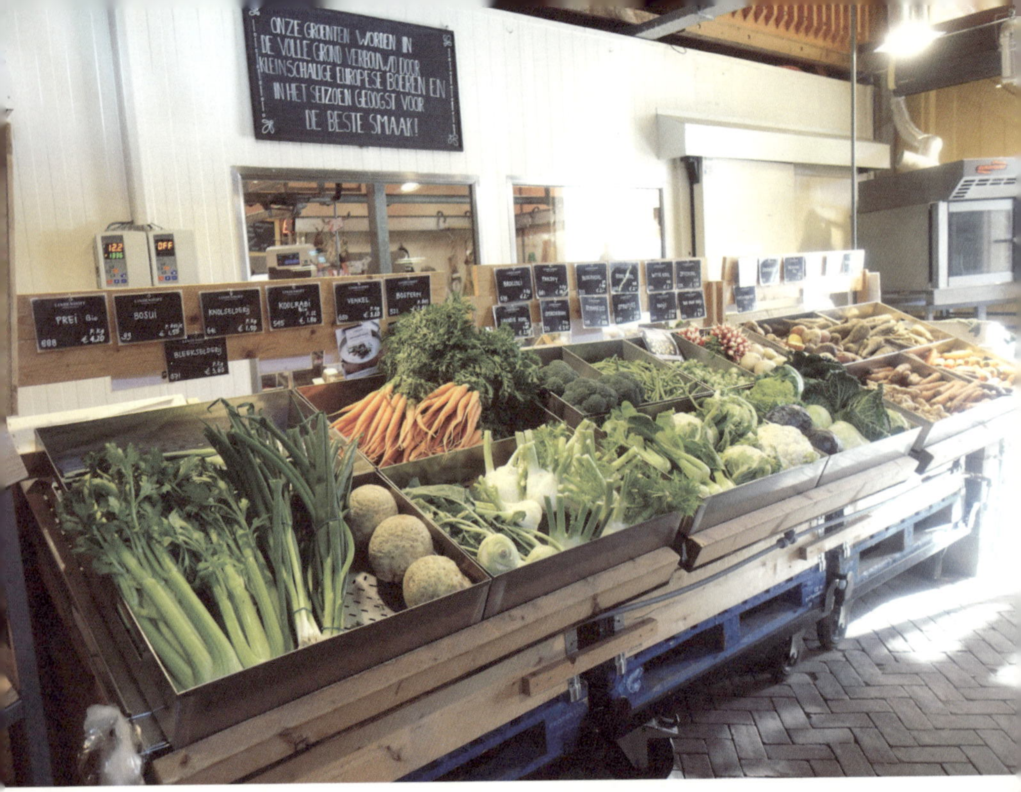

ONZE GROENTEN WORDEN IN
DE VOLLE GROND VERBOUWD DOOR
KLEINSCHALIGE EUROPESE BOEREN EN
IN HET SEIZOEN GEOOGST VOOR
DE BESTE SMAAK!

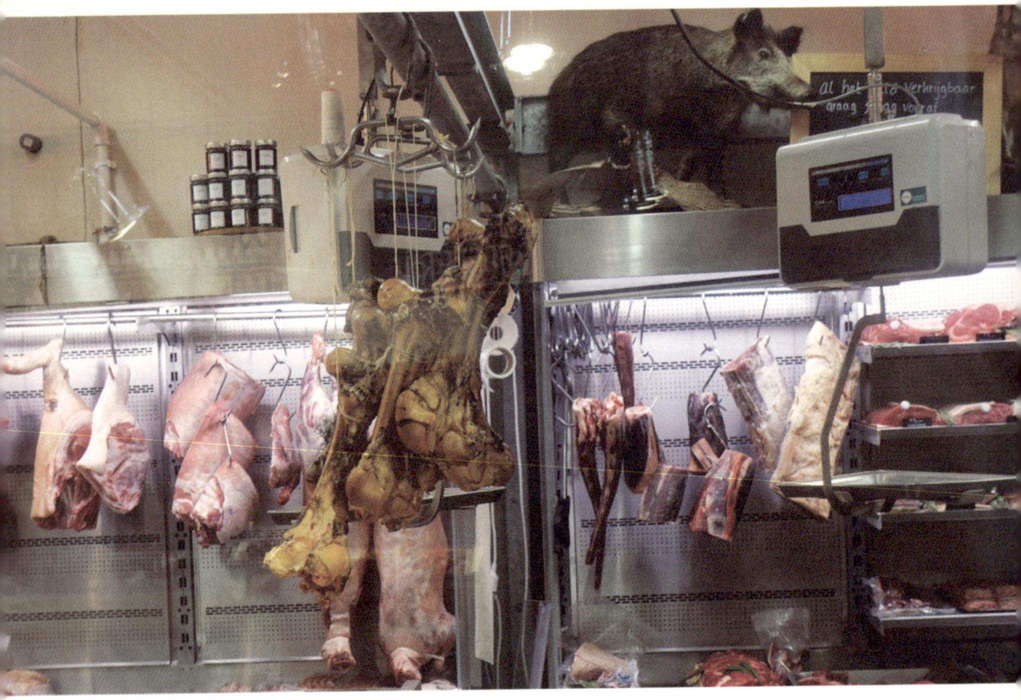

린덴호프농장에는 멋지게 꾸며진 식품점이 있습니다. 가격을 경쟁력으로 내세운 일반 슈퍼마켓과는 달리, 품질과 맛으로 승부하고자 하는 제품들을 볼 수 있습니다.

린덴호프가 있는 밤브뤼헤Baambrugge 마을 외곽은 잘 알려진 관광지 히트호른 Giethoorn처럼 배나 아치형 다리로 이동해야 하는 네덜란드 전통 주택 모습이 많이 남아 있어 풍경이 매우 아름답습니다.

요나단 씨는 이 농장에 오지 않았으면 거리에서 살았을 사람들이 지금은 비싼 값에 팔리는 프리미엄 농산품을 생산하고 있다는 사실이 놀랍지 않냐고 반문하며 재활에 대한 철학에 확신에 차 있었습니다.

실제로 할 일이 있다는 것, 내게 관심을 주는 사람이 있다는 것. 이런 것이 케어팜에서는 가능하니까요. 아름다운 자연환경은 덤이고요.

농업인에게는 노동력 지원, 중독인에게는 재활, 그리고 소비자는 덕분에 질 좋은 식품을 맛볼 수 있으니 케어팜은 사회 구성원들이 서로 윈윈할 수 있고 나아가 삶의 질을 높여줄 수 있는 제도임이 분명합니다.

린덴호프오픈가든 www.lindenhoff.nl/open-tuin

동물을 통한 치유 공간
굿랜드케어팜

개구리와 물고기가 사는 연못과 오리, 염소, 닭 등 다양한 동물들이 입구에서 들어오는 사람들을 반겨 주는 곳. 굿랜드Goedland 케어팜에 들어서면 마치 동물농장에 온 느낌입니다. 입구 옆에는 양, 알파카, 사슴, 돼지 등이 어울려 있고 기니피그와 토끼장도 있습니다. 농장 안쪽으로 들어가면 길게 늘어서 있는 마구간이 보여요. 굿랜드농장에서 이 동물들은 사람들에게 즐거움을 주는 것 이상의 역할이 있습니다.

농장주 안드레아Andrea 씨는 농장의 모든 동물을 교육과 심리 치료 목적으로 활용한다고 말합니다. 예를 들어 무리 지어 돌아다니는 인디언 러너 오리는 왕따나 적응 장애로 학교에 가지 못하는 어린이에게 사회성을 길러 주는 좋은 소재가 됩니다.

인디언 러너 오리들은 항상 무리 지어 리더를 따라서 돌아다닙니다.

굿랜드농장 입구에서 사람들을 반겨 주는 염소와 오리

네덜란드 케어팜에서 돼지는 더럽고 냄새나는 동물이 아니라, 다른 동물들처럼 사람에게 즐거움을 주는 역할을 하는 경우가 많습니다.

말은 자폐, 행동장애, ADHD 등의 증상 완화에 큰 도움이 된다고 알려져 있어 네덜란드의 많은 케어팜, 특히 어린이와 청소년이 이용하는 많은 농장에서 말을 기릅니다. 굿랜드농장도 마찬가지인데요, 말을 이용해서 아이들을 비롯한 고객들이 증상을 개선하고 더 나은 기분을 느낄 수 있도록 돕는 것이 굿랜드농장의 주된 활동입니다.

길게 늘어선 마구간.

말을 이용한 코칭을 할 수 있는 넓은 풀밭. 풀밭 외에 흙으로 덮인 운동장도 있습니다.

고객들이 농장에서 하는 일은 철저히 개인 맞춤형입니다. 안드레아 씨는 그날그날 농장에서 할 수 있는 일들이 그림과 함께 적혀 있는 카드를 고객들에게 주고 직접 하고 싶은 일을 선택하게 합니다. 동물을 좋아하는 사람들은 마구간을 청소하고 말과 산책을 하고요, 기술적인 일을 담당하는 직원과 함께 벤치, 장식품 등을 만들거나 채소밭에서 일하는 것을 선호하는 고객들도 있습니다. 채소밭에서는 딸기, 콩, 호박, 케일 등 다양한 작물을 키웁니다.

아이들이 받는 카드에는 축구, 동물 먹이 주기 같은 옵션들이 있는데요, 고객과의 면담을 통해 농장에서 그들이 좋아하는 일을 할 수 있게 만들어 주는 것도 안드레아 씨의 몫입니다. 요리를 좋아하는 고객에게는 정기적으로 다른 사람들을 위해 파이를 만들 수 있게 해준다거나, 큰 동물을 무서워하는 아이를 위해 유리장에 들어 있는 작은 동물을 돌보게끔 하는 식이죠.

농장에서의 하루를 마치고 집으로 가기 전에는 그날 했던 일 중 가장 좋았던 세 가지와 칭찬받은 일을 카드에 적고, 아이들은 이 카드를 집으로 가져가서 부모와 소통합니다. 그러면서 농장에서 보낸 치유의 시간들이 쌓입니다.

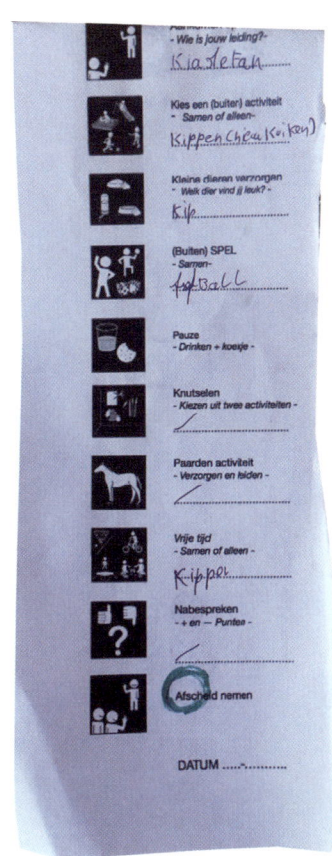

카드에 그려져 있는 일 중에 고객이 직접 하고 싶은 일을 선택합니다. 아이들이 받는 이 카드는 농장에 도착하는 아침부터 집으로 돌아가는 시간까지 하루 동안 할 수 있는 일들이 시간 순서대로 표기되어 있어서 아이가 스스로 하고 싶은 활동을 선택하고 표시합니다. 이 카드를 작성한 어린이는 친구들과 축구를 하고 닭을 돌봤다고 표시했네요.

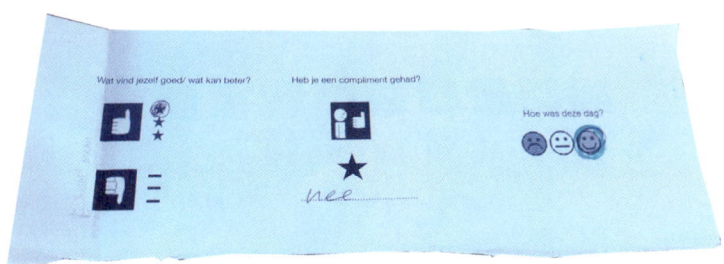

좋았던 일, 안 좋았던 일, 칭찬받은 일을 적는 종이.

유리장에 있는 턱수염도마뱀은 큰 동물을 무서워하는 어린이가 전담해서 돌본다고 해요.

고객들과 함께 가꾸는 채소밭

주중에는 아이들보다 성인 고객들의 이용이 더 많습니다. 성인 고객들의 경우 다양한 증상의 사람들이 오는데요, 발달 장애나 정신 질환, 자폐뿐만 아니라, 적응 장애, 트라우마 장애 등 일상적인 사회생활이 어려운 많은 사람들이 찾아옵니다.

네덜란드에서 케어팜이 급격히 늘어나던 2000년대 초반에는 원래 농업에 종사하던 사람들이 새로운 시도를 위해 기존의 농업에 케어 활동을 병행하며 케어팜을 시작하는 경우가 많았습니다. 하지만 시간이 지나면서 사회복지나 보건의료, 특수교육 분야의 사람들이 농장의 환경을 이용한 케어를 위해 케어팜을 시작하는 경우도 생겨났는데, 굿랜드 농장도 이렇게 탄생했습니다.

농장에는 많은 동물이 있고 텃밭도 가꾸고 있지만, 농장 수입은 케어 부문으로 얻고 있어요. 텃밭의 채소와 과일은 고객들과 함께 재배해서 농장에서 직접 소비하고, 동물들 또한 고객들의 케어에 쓰이기 때문입니다. 농업 생산을 위한 동물들이 아닌 거죠.

농장주 안드레아 씨는 농업이 아닌 케어 쪽 전문가로서 굿랜드케어팜을 열게 되었는데요. 이전에는 실무고등학교MBO(대학 진학이 아니라 실용 기술 분야로 나가고자 하는 학생들이 주로 가는 고등학교입니다. 네덜란드는 굳이 대학에 진학하지 않는 학생들이 많기 때문에 실무고등학교로 진학하는 경우도 많습니다. 실무고등학교에는 전공도 다양하게 있습니다.)에서 케어 전문가가 되고자 하는 학생들을 가르치는 교사였고, 또 연기 drama acting를 통한 치료를 지도하는 선생님이자 사회 복지 전문가이기도 했습니다.

하지만 그녀가 보아온 네덜란드의 케어 환경은 만족스럽지 않았다고 합니다.

> 케어 기관에서 고객들이 주로 하는 일은 테이블에 앉아서 색칠이나 만들기를 하는 거예요. 하지만 고객들이 진짜로 원하는 것과는 거리가 있어 보였어요.

그녀는 시내에 있던 집을 팔고 간호사이자 특수교육 학교 이사였던 베로니Verony 씨와 함께 교외에 농장을 구입해서 굿랜드케어팜을 열었습니다. 2008년의 일이죠. 평소 동물을 좋아하던 안드레아 씨가 꿈꿨던 케어팜의 방식은 사람들이 스스로의 힘을 가질 수 있게끔 환경을 만들어 주는 것이었고 여기에 동물, 특히 말을 이용하면 매우 효과적임을 알게 되었습니다. 말은 자신의 옆에 있는 사람이 장애가 있는지, 어떤 지위에 있는지 등과 상관없이 모든 사람을 똑같이 대합니다. 그래서 말과 함께 있는 사람은 궁극적으로 본인이 자신이 아닌 누군가에게 받아들여진다고 느끼게 된다 해요. 그러면서 자신이 소중한 존재이고, 특히 장애가 있는 사람에게는 자신에게 문제가 있는 것이 아니라 아주 정상적이라고 생각하게 해준다고 합니다.

열정적인 농장주 안드레아 씨.

농장에는 안드레아 씨를 비롯해서 말을 이용한 코칭 전문가들이 있는데요, 가장 인상적이었던 것은 쉽게 흥분하고 소리를 지르는 농장 고객에게 안드레아 씨가 하는 말입니다. 그녀는 조용히 하라고 말하지 않고 이 한마디를 할 뿐입니다.

| 말을 생각해 봐.

이 한마디에 고객은 말과 함께 했던 상황을 떠올리고 조용해집니다. 말은 사람의 행동에 반응합니다. 사람이 소리를 지르면 말도 흥분해서 그 사람 곁에 오지 않는다는 것을 알기 때문에 행동 문제가 있는 사람을 말과 함께 있게 하면 굉장히 효과적이라고 합니다.

얼마 전까지만 해도 장애인이나 정신질환자들은 인적이 드문 곳이나 병원에 가둬 놓고 평생을 지내게 해야 한다는 인식이 있었죠. 지금의 네덜란드 케어팜을 보면 상상이 안 되지만, 네덜란드를 포함한 선진국들도 과거에 이런 인식을 가지고 있었습니다. 네덜란드에서 이러한 인식에 변화가 시작된 것은 불과 13~14년 전쯤부터라고 안드레아 씨는 말합니다. 인간의 삶은 사회 안에서 이루어지기에 이들을 고립시킬 것이 아니라, 실제 사회에 적응하고 살 수 있게끔 해줘야 한다는 목소리들이 생긴 것이죠.

하지만 이들이 일반인들처럼 사회생활에 적응하기는 어렵습니다. 특히 자폐와 같은 질환이 있는 경우는 긴장하는 상황이나 소음 등에 굉장히 민감하기 때문에 농장과 같이 조용한 곳이 굉장히 도움이 된다고 해요. 또한 행동 문제가 있는 사람에게는 말을 비롯한 동물들이 많은 도움을 줄 수 있기 때문에 상담이나 병원 치료 등에만 의존하는 기존 체계의 좋은 대안이 될 수 있겠죠.

굿랜드농장에서는 기존의 케어 부문으로 얻는 대부분의 수입 외에 다른 수입원이 될 수 있는 일을 추진 중입니다. 바로 농장주 안드레아 씨와 베로니 씨를 비롯한 직원들의 전문성을 살린 트레이닝 프로그램을 만드는 일이죠. 지금까지는 자폐나 장애 등의 문제가 있는 사람들만을 케어의 대상으로 생각했다면, 이제 이들과 함께 지내야 하는 주변 사람들, 즉 동료 직원이나 학교 선생님 등에게 그들과 어떻게 소통해야

케어팜에서 토끼와 기니피그는 아이들이 제일 좋아하는 동물이라고 해요.

하는지를 교육하는 일이 바로 굿랜드에서 구상 중인 일입니다. 이런 방식으로 보다 통합적인 사회를 만드는 데 기여할 수 있다는 것이죠. 한편으로는 굿랜드농장의 고객으로서 말을 이용한 케어를 받던 사람이 성장하여 이 새로운 트레이닝 프로그램의 강사로도 일할 수 있지 않을까 안드레아 씨는 상상해 본다고 하니 미래의 모습이 기대됩니다

굿랜드농장이 지닌 전문성과 지식을 농장이라는 한정된 공간에서만 실현하는 것이 아니라, 보다 많은 사람들과 사회를 위해 쓰고 이것이 다른 수입원으로도 연결된다고 하니, 케어팜의 이러한 다음 단계로의 발전 또한 눈여겨볼 대목입니다.

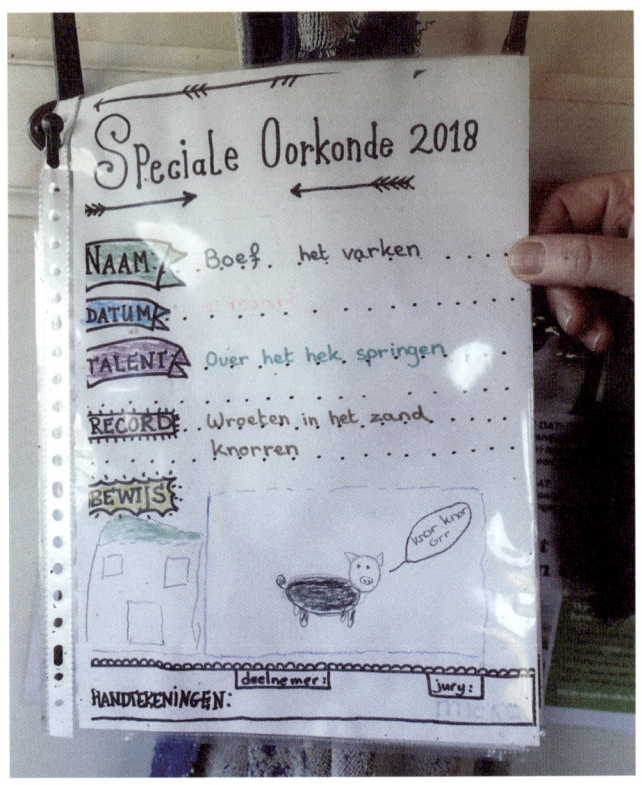

이 자료는 아이들과 함께 활동하기 위해 만드는데요, 예를 들어 돼지에게 먹이를 준다고 할 때 그냥 단순히 먹이를 주는 게 아니라 놀이하듯이 할 수 있게끔 제작한 자료입니다. 동물이 특정 행동을 하면 동물에게 상을 주는 식으로 스토리를 만들고, 궁극적으로 '내가 하는 일은 매우 중요한 일이다'라고 아이들이 생각할 수 있게끔 하는 것이죠.

굿랜드농장에서 오리가 새로 태어나는 시기에 맞춰 제작한 교육용 자료. 오리에 대한 상식을 재미있게 만들어서 누구나 볼 수 있게 두었어요. 농장의 다양한 동물과 주변에서 일어나는 일들에 대한 이런 자료들을 꾸준히 업데이트해서 농장 한편에 둡니다.

심하게 폭력적이거나 내성적 성향 등 다양한 문제로 학교에 다니기 어려운 아이들은 지자체에서 도움을 받아 굿랜드농장에 오는데요, 아직 의무교육을 받아야 하는 나이이기도 하고 또 이런 아이들이 집에만 머무르면 안 좋은 증상이 더 심해지는 경우가 많기 때문입니다. 오전 9시부터 오후 5시까지 농장에 머물면서 동물을 돌보고, 밖에서 축구하며 뛰어놀기도 하고, 실내에서 공부를 하기도 합니다. 대부분의 아이들이 오랜 시간을 집중하거나 체계적으로 학습 내용을 기억하고 따라가는 것에 어려움을 느끼기 때문에, 학습과 관련해서도 농장의 전문가들이 도움을 줍니다.

또 주중에는 학교에 다니고, 주말 동안 2박 3일을 농장에서 지내고 가는 아이들도 있어요. 이 아이들은 기분이 좋을 때는 괜찮다가도 갑자기 폭발하는 등 이상 증세를 보일 때가 많기 때문에, 농장에서 주말을 보내는 동안은 돌보는 가족들이 휴식 시간을 가질 수 있게 됩니다. 아이들이 오면 안드레아 씨는 말과 함께 할 수 있는 프로그램을 짜 줍니다. 말을 데리고 걸어 다니고 말에게 지시를 내리는 등의 훈련도 해봅니다. 그러면서 아이들은 스스로 무언가 해낼 수 있다는 힘을 느끼고, 집중력도 생겨 학습에 도움이 되기도 합니다.

주말에 숙박하는 아이들을 위한 방(위). 아이들을 비롯한 고객들이 쉴 수 있는 거실(아래).

농장을 운영하는 데 있어 어려움은 없을까요? 안드레아 씨가 첫 번째로 꼽은 어려운 점은 바로 각종 법적 규정들이었습니다. 네덜란드에는 농장을 운영할 때 지켜야 하는 규정들이 상당히 많습니다. 동물이 있으면 동물이 옮길 수 있는 전염병과 관련해 건강 검사를 정기적으로 받아야 한다던가, 농장 내 건물의 안전이나 토지 이용과 관련해 지켜야 하는 각종 규칙이 있고, 케어팜의 경우 특히 직원의 전문성에 대한 규정들도 있지요. 이러한 규정들을 지키기 위해 직원들은 꾸준히 교육을 받아야 하고, 안전 규정에 맞지 않는 건물은 허물거나 보수를 해야 합니다. 이를 위해서는 돈이 필요하고 더 많은 수입을 위해서는 더 많은 고객을 받아야 하지만, 케어의 품질이 떨어질 만큼 많은 사람을 받을 수는 없고… 일반적으로 사업을 운영할 때 할 법한 이런 고민들을 안드레아 씨도 똑같이 가지고 있었습니다.

하지만 그런 불평불만을 토로하기보다는 원래 인생이란 이런 어려움들을 헤쳐나가는 과정이라며 안드레아 씨는 쿨하게 이야기합니다. 이런 모습은 네덜란드의 여러 케어팜 들을 다니며 공통적으로 느꼈는데요, 네덜란드 사람들이 지닌 일종의 합리성이 아닌가 싶습니다.

안드레아 씨는 일주일에 하루를 쉬는데, 쉬는 날도 온전히 자신을 위해 보내는 것이 아니라 케어와 관련한 공부를 꾸준히 하고 말을 돌보는 등 사실 1년 365일 쉬지 않고 일한다 해도 과언이 아닐 만큼 열심히 일하고 있었습니다.

이 건물은 규정을 지키기 위해 다시 지어야 한다고 해요.

안드레아 씨가 언론에서 접한 한국은 높은 성과를 요구하는 사회와 거기서 많은 스트레스를 받는 사람들의 모습이라고 하네요. 그녀는 한국인들이 좀 더 행복한 삶을 사는데 굿랜드케어팜의 방식이 조금이라도 도움이 되기를 희망했습니다. 특정 방식을 모두에게 똑같이 강요하는 것이 아니라, 각자의 삶의 가장 기본적인 것들을 바라보며 살아가도록 돕는 굿랜드농장의 방식을요.

굿랜드농장의 각종 인증 마크들. 동물 관리 인증, 케어팜연합에서 부여하는 품질 인증, 트레이닝 자격 인증, 동물 훈련 관련 안전 인증, 승마 코치 자격 인증, 지역협회 회원 인증 등 대부분의 케어팜 들은 여러 종류의 자격과 인증을 보유하고 있습니다.

넓은 실외 공간과 실내 승마 훈련장에서는 말과 함께 훈련도 하고 아이들이 축구하며 뛰어놀기도 합니다.

동물들에게 주는 건초 창고 출입문에는 각 동물을 다룰 때 주의할 점들이 적혀 있습니다. 알파카랑 양을 다룰 때는 더욱 주의하라고 첫 줄에 써 있구요, 그 아래로는 각 말에 대해 주의할 점들이 쓰여 있습니다. 렉스라는 말은 말굽을 어떻게 해야 하고 사료는 어떻게 줘야 하는지 말이죠.

굿랜드케어팜 www.goedland.nl

배우고 싶은 케어팜
파라다이스농장

파라다이스농장은 네덜란드의 수많은 케어팜 사이에서 잘 알려진 곳입니다. 규모가 크고 시설을 잘 갖추고 있다 보니 네덜란드의 학생들과 케어팜 관련 일을 하는 사람들뿐만 아니라 한국을 비롯한 다른 나라에서 견학 오는 관계자들도 많은 편입니다.

네덜란드에서 케어 부문이 활발하게 운영되는 케어팜들을 보면, 농업보다 돌봄 쪽에 좀 더 초점을 맞춘 경우가 많습니다. 재미있는 점은, 네덜란드에서 케어팜이 본격적으로 생기기 시작하던 1990년대 후반과 2000년대 초반에는 대개 전업농들이 돌봄 영역을 추가하는 형식이 일반적이었다는 것입니다. 그 후 점점 케어팜이 늘어나면서 돌봄만을 목적으로 케어팜을 시작하는 경우도 생겨났습니다. 물론 돌봄 영역을 추가하더라도 여전히 농업 생산 활동 위주로 운영하는 케어팜도 있습니다. 그런 경우 농장 참여객들의 역할은 농작업 참여에 좀 더 초점이 맞춰집니다.

파라다이스농장으로 들어가는 입구

2006년, 파라다이스농장이 케어팜으로 처음 시작할 때에는 상업적인 농업 생산 없이 100퍼센트 케어만을 제공했다고 해요. 그런데 지금은 농업과 케어에서 반반씩 수입을 얻는 것을 목표로 하고 있습니다. 파라다이스농장은 케어로 유명한 농장 치고는 농업 생산 규모가 꽤 큽니다. 하루 5,000개 계란을 생산하는 닭 9,000마리, 고기 목적의 돼지 200마리와 소 30마리를 키우는데, 축산을 하는 곳이 예쁘게 꾸민 농장 건물과 예상외로 조화를 잘 이룹니다. 온실을 갖춘 1헥타르의 밭에서는 각종 채소와 과일을 유기농으로 재배하고요.

파라다이스농장에서는 닭 9,000마리를 방사해서 키웁니다.

각종 채소와 과일을 재배하는 파라다이스농장의 밭

이렇게 동물을 키우고 채소와 과일을 재배하는 공간에서 농업과 돌봄은 자연스럽게 어우러집니다. 농장을 찾는 성인과 어르신 고객들은, 사회성이 좋고 침착해서 돌봄에 적합하다 알려진 파이어 레드Fire Red 종의 소를 돌보며 시간을 보냅니다. 더 많은 고기 생산만을 생각한다면 다른 종의 소도 있지만 돌봄에 적합한 소를 일부러 들여온 것이죠. 깨진 계란을 골라내고 채소밭에서 일하는 것도 고객들의 주요 일과 중 하나입니다. 매일 아침마다 온실에서 일하는 한 고객은 불우했던 어린 시절이 치유되는 느낌이 들어 이 온실을 찾는다고 해요.

자폐와 같은 정신적인 문제나 장애 등 여러 가지 이유로 일반적인 사회생활을 하기 어려운 사람들은 이렇게 파라다이스농장에서 여러 가지 활동을 하며 삶의 보람과 의미를 찾습니다. 농장주 캐롤라인 씨는, 참여객들이 농장에서 직접 가꾼 작물과 돌보는 동물들을 보며 자신이 중요한 일을 하는 가치 있는 존재임을 느끼게 된다고 말합니다.

파라다이스농장이 위치한 바너벨트 지역 사진을 보여주며 농장 이야기를 들려주고 있는 캐롤라인 씨.

금요일 오후에는 자폐증을 가진 아이들이 와서 동물을 돌보고 뛰어놀며 주말을 농장에서 보내고 갑니다. 이 아이들이 농장에서 지내는 2박 3일 동안 농장주 부부는 아이들의 두 번째 엄마 아빠가 됩니다. 아이들은 서로 형제자매처럼 지내게 되고요.

아이들이 주말에만 오는 것은 아닙니다. 네덜란드의 학교들은 대개 수요일에는 오전 수업만 하고 오후에는 다른 활동을 하도록 권장하기 때문에, 수요일 오후에 케어팜을 찾는 아이들이 많습니다. 주말에 오는 아이들과 마찬가지로 이 아이들도 말을 이용한 코칭을 비롯해 농장에서 다양한 활동을 하죠.

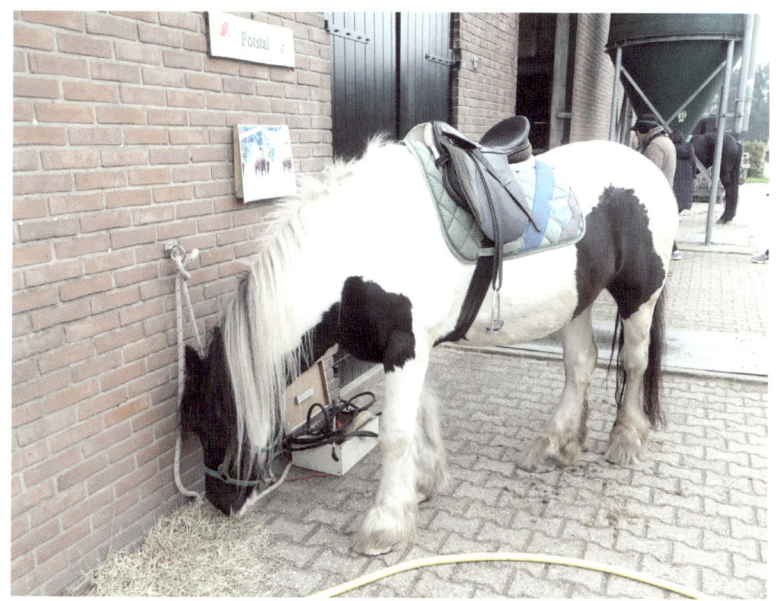

자폐증 아이들을 돌보는 농장에서 말은 거의 필수적으로 동물 매개 치료에 활용됩니다.

곱슬곱슬한 털이 특징인 헝가리 품종 만갈리차Mangalica 돼지를 키우고 있습니다.

또 파라다이스농장에서는 학교에 다니기 어려운 아이들을 위해 네덜란드의 케어파밍 연구로 유명한 연구자인 바흐닝언Wageningen대학의 얀 하싱크Jan Hassink 박사와 함께 프로젝트를 진행 중인데요. 농장에서 교육을 받을 수 있는 공식적인 프로그램을 개발하는 연구를 지역의 학교와 함께 진행 중이라고 합니다. 파라다이스농장에는 교사 자격을 갖춘 직원들이 있는데, 이들이 지역의 학교와 협의하여 교육 프로그램을 짜고 아이들을 가르치는 방식입니다.

여기서 중요한 것은 각각의 아이들에 맞는 맞춤형 교육이 이루어진다는 점입니다. 매일 아침 아이의 상태를 보고 학습이 가능한지 돌봄이 먼저인지 파악하는 것이 우선이고요. 돌봄과 교육 전문가에 의한 일대일 교육이 이루어지기 때문에 장애아의 부모들이 마음 놓고 아이들을 보낼 수 있는 것입니다. 부모들이 파라다이스농장에 아이들을 보내는 또 하나의 이유는 탁 트인 넓은 공간이 있어서라고 하네요.

이 정도 규모의 농장을 운영하려면 꽤 많은 인력이 필요하지 않을까 궁금해지는데요. 돌봄 고객들이 농장의 생산을 돕기도 하지만, 한편 그들을 돌보기 위한 전문 인력도 당연히 필요하겠죠. 파라다이스농장에는 직원들이 많은데, 특히 고등 교육을 받은 사회복지, 간호, 교육, 동물 관리 등을 담당하는 직원 스무 명이 있습니다. 이러한 전문 인력들은 돌봄 제공 기관으로 제도적으로도 반드시 상주해야 하고, 그래야만 까다로운 케어팜 품질 인증을 받을 수 있습니다.

아이들이 놀 수 있도록 마련한 야외 공간

그런데 농장을 제대로 운영하기 위해서는 직원들만으로는 힘들다고 농장주 캐롤라인 씨는 이야기합니다. 파라다이스농장으로 자원봉사를 하러 오는 인근 주민들이 예순 명이나 된다고 해요. 이들은 고객을 픽업해 오는 차량 운전, 테이블과 의자 같은 소형 가구 제작, 인형의 집 같은 장난감 등 농장에 필요한 각종 물품 제작을 포함한 다양한 일을 함으로써 농장 직원들만으로 다 채울 수 없는 빈자리를 메꿉니다.

또 인턴십 등의 학습 목적으로 농장에 오는 50명의 학생들 또한 소중한 인력입니다. 트레이닝 기관으로 인증받은 케어팜들은 이렇게 학생들과 일하면서 훈련의 기회를 제공하고, 우수한 학생들을 농장 직원으로 채용하기도 합니다.

농장에서 필요한 도구나 아이들용 놀이기구 등을 만드는 자원봉사자들의 작업 공간

파라다이스농장의 운영이 활발한 데에는 캐롤라인 씨 부부만의 비법이 있습니다. 에너지가 넘치는 캐롤라인 씨는 고객들을 특별하게 관리하는데, 예를 들어 겨울에 해가 짧아지면서 우울 증상이 심해지는 고객들은 아침마다 캐롤라인 씨로부터 농장으로 꼭 오라는 전화를 받습니다. 침대에서 벗어나 일단 농장에 나오면 자전거를 타거나 농장 안을 걸어 다니는 등 자연스럽게 몸을 움직이게 되고, 다른 사람과의 교류를 통해 증상이 완화될 수 있어요.

서로 보완할 수 있는 증상의 사람들이 어울리도록 신경을 쓰기도 합니다. 예를 들어 가벼운 발달장애인과 우울증이 있는 사람을 함께 일하게 하면 서로 도움이 될 수 있다고 해요. 발달장애가 있는 사람은 우울

증으로 의욕 없이 앉아 있는 사람에게 다가가 함께 무언가를 하자고 즐겁게 얘기할 수 있고, 우울 증상의 사람이 그런 권유에 마지못해 함께 일을 하다 보면 서로 어울리고 신체활동을 하며 증상이 좋아져서 그 날 하루를 즐겁게 보내게 되는 것이죠.

캐롤라인 씨는 또 케어팜과 관련한 연구 결과에도 관심이 많은데, 어떤 동물이 특정 증상에 도움이 된다는 연구 결과 등을 꾸준히 챙겨 보고 이를 농장에서 활용합니다. 예를 들면, 자폐증 돌봄에는 말이나 개가 좋고, 우울증에는 돼지나 닭이 도움이 된다고 하네요. 또 ADHD 증상의 돌봄에는 소를 이용할 수 있다고 합니다. 연구 기관과 협력하여 케어팜과 관련한 여러 가지 연구에 참여하기도 하는데요. 앞에서 말한 교육 프로그램 외에도, 케어팜의 성공 요인 등의 연구를 진행하기도 합니다.

고객을 픽업해 오는 차량

케어팜을 시작하는 농부들에게 자문 역할을 하는 아이스브란트 씨.

바흐닝언대학에서 농업을 전공한 남편 아이스브란트 씨의 역할도 빼놓을 수 없어요. 그의 직업은 농부들을 교육하고 특히 케어팜을 시작하려는 농업인들에게 자문을 해주는 일입니다. 파라다이스농장도 업무 중 알게 된 농장을 우연히 인수하며 시작했는데요. 직업상 수많은 케어 농부들을 만났기에 케어팜 운영의 어려운 점과 좋은 점 등을 잘 알고 있었고, 그런 지식들이 지금의 파라다이스농장을 만들어내는 데 큰 도움이 됐음은 물론입니다.

처음에는 돌봄 제공만으로 시작한 농장이 농업을 본격적으로 병행하게 된 이유를 물었어요. 네덜란드 정부 지원이 케어팜의 초기 성장에 큰 영향을 미친 것은 분명하지만, 더 이상 정부가 지원하는 케어 수입에만 의존하는 것은 위험하다고 캐롤라인 씨는 말합니다. 케어 부문에 대한 전체 복지 예산이 점점 줄어들고 있기 때문이죠. 여러 외부 요인에 따라 가격이 변화하는 농업 생산에 비하면 정부의 케어 지원은 여전히 안정적인 수입원입니다. 하지만 이윤 창출을 위한 기업이 아닌 케어팜으로서 농장을 유지하려면 꾸준히 여러 방향을 모색해야 한다고 캐롤라인 씨는 강조합니다. 네덜란드의 이런 경험은 한국에서 앞으로 케어팜이 발전하고 관련 제도를 정비하는데 있어 염두에 두면 좋을 것입니다.

텃밭, 건물, 농산물 직판장 등 농장의 여러 장소를 알려 주는 표지판.

파라다이스농장에는 예쁘게 꾸며진 식당이 있는데요. 여기서 참여객들이 식사도 하고, 단체 손님이 왔을 때 프리젠테이션을 하거나 식사를 하는 공간으로도 이용합니다.

또 외부 기관의 각종 행사를 위해 빌려주기도 하는데 이 또한 농장의 수입으로 연결됩니다. 이 공간을 빌려서 요리사를 부르고 파티를 하는 것도 가능합니다. 이때 모든 음식을 농장에서 생산한 식재료로 만드는 것도 가능하다고 해요. 또 요리 워크숍 등 다양한 이벤트를 열기도 합니다.

파라다이스농장에서 유기 농산품을 납품하는 업체 중 하나인 에코플라자. 네덜란드 전역에 매장을 갖고 있는 유기농 전문 슈퍼마켓 체인입니다.

농장에서 키운 소와 돼지가 이렇게 직접 판매됩니다.

유기농법으로 재배하는 파라다이스농장의 과일과 채소는 네덜란드 전역에 유통망을 가진 유기농 전문 슈퍼마켓에서 판매된다고 해요. 여기에 납품하기 위해서는 까다로운 조건을 맞춰야 하기 때문에 캐롤라인 씨는 돌봄의 품질뿐만 아니라 농업에 있어서도 자부심이 대단합니다.

위 사진은 야외 휴식 공간, 아래 사진은 어르신들의 실내 활동 공간입니다. 여기서 식사를 하고 휴식을 취하거나 다양한 실내 활동을 즐깁니다.

농장 직판장

캐롤라인 씨는 케어팜을 시작하기 전 어린이 코치로 활동했습니다. 생활, 심리 등 다양한 문제가 있는 아이들과 상담을 통해 개선을 돕는 일이었는데요. 코치로 일할 때는 기껏해야 한 번에 한 시간 동안 아이들과 이야기를 나누는 것이 전부였기에 한계가 있었는데, 지금은 주말에 아이들이 오면 48시간 내내 같이 있을 수 있으니 훨씬 좋다고 합니다.

캐롤라인 씨는 자신이 농장을 운영하리라고는 전혀 생각해 보지 않았다고 해요. 파라다이스농장을 시작한다고 하니 주변 사람들이 만류도 했답니다. 하지만 다양한 사람들과 오랜 시간을 함께할 수 있는 지금의 모습이 캐롤라인 씨는 어린이 코치였던 예전보다 훨씬 만족스럽다고 합니다.

왜 고객들이 파라다이스농장을 찾느냐는 물음에 그녀는 두 가지를 꼽았는데요.

첫째는, 농장에 오면 모두가 진짜 가족 같은 분위기로 지내기 때문이랍니다. 예를 들어 주말 동안 와 있는 아이들은 때때로 캐롤라인 씨를 엄마라고 부르기도 한다는데요, 이런 가족 같은 느낌을 주고받는 것이 돌봄에 중요하다는 생각이고, 이 부분은 현재 연구 중이라고 합니다.

둘째는, 돌봄과 농업이 적당하게 어우러져 있어서 고객들의 선택의 폭이 넓기 때문입니다. 캐롤라인 씨는 파라다이스농장이 일반적인 농업을 하는 농장, 그리고 강아지와 토끼 등 몇 마리의 작은 동물만을 키우는 일반 요양기관의 딱 중간에 있기를 바란다고 말합니다. 그럼으로써 농장에 오는 참여객들이 동물 돌보기나 농사일, 아니면 다른 취미 활동 등 원하는 일을 선택할 수 있는 여지가 많아진다는 것이죠.

케어팜에 정답은 없습니다. 하지만 캐롤라인 씨가 말한 이 두 가지를 늘 생각한다면, 그 농장은 케어팜의 역할을 충분히 해낼 수 있지 않을까요.

파라다이스농장의 온실.

파라다이스농장 **boerderijparadijs.nl**

도심의 힐링 공간, 도시 케어팜
푸드포굿

네덜란드에는 커뮤니티 가든이라는 이름으로 지역 주민들이 함께 가꾸는 텃밭을 도시에서도 어렵지 않게 찾아볼 수 있습니다. 그리고 암스테르담 같은 대도시에도 염소나 양 같이 사람들이 좋아하는 동물을 키우는 농장들이 있어서 남녀노소 구분 없이 도시민들이 쉽게 접근해서 즐길 수 있는 환경을 가지고 있습니다. 한국에서는 관광지에서 잠깐 타 보거나 부유층에게나 가능할 것만 같은 승마도 네덜란드에서는 접하기 쉬운 스포츠 중 하나입니다. 도시 한가운데서도 승마 교실을 운영하고 있어서, 말은 자주 볼 수 있는 흔한(?) 동물입니다. 주말에 뭐 했냐는 질문에, "말 타고 왔어."라는 대답이 전혀 특이하지 않은 곳이 바로 네덜란드에요.

요즘에는 회원 가입만으로 먹고 싶은 채소를 직접 밭에서 수확해 갈 수 있는 도시 농장이 인기입니다. 농장에서 보내주는 것을 직거래로 받는 것이 아니라, 도시민들이 직접 가까운 농장을 찾아가 원하는 채

고층 건물들 사이에 자리 잡고 있는 도시 농장 푸드포굿

소를 보고 먹을 만큼 직접 수확해 가는 시스템으로 운영하고 있어요. 물론 한국과는 많이 다른 환경 요인들로 인해 발전된 부분들도 있습니다만, 잘 살펴보고 충분히 참고해서 한국 환경에 맞게 적용 발전시켜 나갈 부분들도 있을 것입니다.

푸드포굿Food for Good은 대도시인 유트레흐트Utrecht 시 한가운데에 위치한 케어팜입니다. 도시 농장과 케어팜의 교집합 같은 곳이라고 할 수 있죠. 네덜란드 지역 사회에서 운영하는 일반적인 도시 농장은 동질적인 특성을 가진, 즉 경제적으로나 문화적으로 비슷한 계층에 속한 주민들이 함께하기에 상대적으로 폐쇄적인 성격을 갖는 데 반해, 푸드포굿은 도시민을 끌어들임과 동시에 케어팜의 성격을 더하면서 오히

공원 입구를 연상하게 하는 푸드포굿농장

려 진입에 제한이 없이 다양한 사람들이 함께할 수 있다고 합니다.

푸드포굿농장을 시작한 사람은 한스Hans 씨입니다. 그는 한때 유기농업을 하던 농부였고, 여러 공공부지와 학교에서 어린이나 어르신들의 돌봄, 다양한 문화권의 통합 등을 목적으로 하는 사회적 농업 활동을 위한 정원을 조성하는 일을 했습니다.

2011년, 한스 씨는 방치되어 있던 공공 공원 부지 7,000제곱미터를 유트레흐트 시로부터 무상으로 빌려 푸드포굿농장을 시작했습니다. 푸드포굿농장의 주제는 건강한 먹거리입니다. 장애인, 어르신, 난민, 실업자 등 참여객들이 지역 주민들인 자원봉사자들과 함께 60여 종의 각종 채소와 과일을 기릅니다.

푸드포굿농장 참여객은 일반적인 케어팜에서 볼 수 있는 참여객 모습과는 조금 다르다고 한스 씨는 이야기합니다. 대다수의 케어팜에서는 나이대나 증상 등이 비교적 동질적인 참여객들만 있거나, 서로 다른 참여객이 섞여 있더라도 어느 정도 정해진 범위 안의 사람들만 있는 반면, 푸드포굿에 오는 사람들은 그 다양성의 범위가 훨씬 큽니다. 농장 바로 옆에 있는 대형 요양원의 어르신들도 주로 오는 참여객 중 한 그룹이고, 도심에서 노숙을 하고 구걸하며 사는 사람들도 실업자를 위한 복지법에 따라 농장에 정기적으로 온다고 합니다. 시리아 등지에서 오는 난민 참여객들이 늘어나면서 네덜란드어를 가르쳐주는 랭귀지 프로젝트도 만들었다고 해요.

또 케어팜의 참여객은 아니지만 푸드포굿에서 주최하는 각종 프로그램에 참여하는 일반 시민들도 참여객들과 자연스럽게 섞여 활동하게 됩니다. 이렇게 평소라면 만나지 못했을 다양한 사람들을 만날 수 있다는 점이, 농장 이용자들을 대상으로 한 조사에서 가장 좋은 점으로 꼽혔다고 하네요.

한스 씨

새로운 프로젝트를 구상해서 지속적으로 농장을 활기차게 만드는 일은 한스 씨의 주요 업무 중 하나입니다. 지역 주민들을 대상으로 커피찌꺼기를 이용한 느타리버섯 재배 워크숍을 열기도 하고, 농장에서 기른 식재료를 이용한 건강한 요리 교실도 엽니다.

"빵=에너지"라는 문구가 적힌 포스터가 붙어 있습니다. 네덜란드 사람들은 친환경 에너지 생산에 대한 관심이 높은데요, 푸드포굿농장에서도 친환경 에너지 생산 실험을 하고 있습니다. 바로 유통 기한이 지나 폐기해야 하는 빵을 이용해 바이오 가스(메탄가스)를 생산하는 실험입니다. 아직 효율적이지 않지만 적어도 푸드포굿농장에서 사용하는 만큼은 생산할 수 있다고 합니다.

2019년 초부터는 온실을 개조해서 레스토랑으로 꾸미고 워크숍 등 각종 행사에 대여하는 대형 프로젝트를 시작했습니다. 또 이탈리아의 유명 기관에서 정식 자격증을 취득한 피자 셰프와 함께 농장에서 피자 스쿨을 엽니다. 농장 참여객인 젊은이들이 셰프에게 직접 피자 만드는 기술을 배우고 이를 활용해 취업뿐 아니라 농장에서 피자를 만들어 팔 수 있습니다. "세상에서 가장 건강한 피자"를 슬로건으로 내걸었지요. 케어팜 참여객들은 피자를 먹으러 온 사람들을 상대하며 사회성을 기를 수 있습니다. 사람들과 접촉하며 스트레스를 받게 되면 농장의 밭에서 일하며 이를 풀고 적응 과정을 거치기 때문에 곧바로 일반 사회생활을 시작하는 것보다 부담도 덜합니다.

이렇게 다양한 프로젝트를 하는 이유는 단지 농장 운영에 다양성을 더하기 위함만은 아니라고 합니다. 네덜란드의 대부분 케어팜 들은 운영하는 농장주가 소유한 땅에서 이루어지거나 재단을 만들어 운영하기 때문에 어느 정도 안정적인 운영이 가능합니다. 하지만 푸드포굿농장은 사회적 기업의 성격을 띤 조직으로 매년 유트레흐트 시와 관련 기관들의 협의를 거쳐 확정된 예산을 받아 운영하기 때문에, 한스 씨에게는 새로운 프로젝트를 꾸준히 만들어내고 혁신을 해야 한다는 아주 막중한 임무가 부여됩니다. 농장의 성과가 충분히 혁신적이고 성공적이지 않으면, 매년 수시로 열리는 관련 기관들과의 협의 결과가 좋지 못할 것이고, 최악의 경우 문을 닫아야 할 수도 있습니다.

푸드굿굿농장 전경

그래서 푸드굿굿농장을 운영하는 한스 씨의 역할은 케어팜으로서 사람들을 돌보고 품질 좋은 농산물을 생산하는 것 그 이상입니다. 푸드굿굿농장은 유트레흐트 시에서 주최한 2016 푸드어워드Food Award에서 사회적social 부문으로 수상을 했습니다. 혁신적인 비즈니스 모델을 구상하고 실행했다는 점에서 높은 점수를 받았다고 해요.

농장 공간을 대여해 추가 소득을 올리는 사례를 블로멘달농장에서도 소개했는데요, 푸드굿굿농장에서도 각종 기업이나 단체 등에 회의나 이벤트, 파티를 할 수 있는 공간을 빌려줍니다. 도시에 있으니 접근성도 좋고, 멀리 가지 않아도 녹색에 둘러싸인 환경을 만날 수 있습니다.

푸드포굿농장 근방은 아프리카계 이민자들이 많이 살고 있고 범죄율이 높아서 일반적으로 거주지로 선호하는 지역은 아니라고 해요. 하지만 한스 씨는 푸드포굿농장이 생긴 뒤로 이 지역의 범죄율이 줄고 분위기가 좀 더 안정적으로 바뀌었다고 자랑스럽게 말합니다.

케어팜이지만 동시에 누구나 이용할 수 있는 공공 공원이기 때문에 지역 주민들이 산책을 하며 자연스럽게 참여객들과 대화를 나누고, 또 본격적으로 자원봉사자로 일하기도 합니다.

푸드포굿 텃밭

모든 먹거리는 유기농법으로 기릅니다. 근방의 어린이 농장에서 기르는 동물에서 나오는 분뇨를 얻어와 퇴비로 사용하고 있어요.

재배한 채소는 팔기도 하지만 대부분은 농장에서 소비하거나 자원봉사자나 참여객들이 집으로 가져간다는데요. 자원봉사를 하는 도시 주민들은 멀리까지 가지 않아도 집 근처에서 쉽게 농사짓는 기쁨을 맛볼 수 있고 수확한 채소와 과일을 가져갈 수도 있으니 도시 케어팜의 순기능은 이렇게 확산됩니다.

규모는 작지만 온실도 갖추고 있습니다(위). 온실에서 작업중인 푸드포굿 참여객(아래).

네덜란드어 부러콜(boerenkool)은 케일입니다. 케일은 네덜란드 사람들에게 아주 대중적인 채소여서 대부분의 텃밭에서 가장 많이 볼 수 있습니다.

농장 입구에 놓인 아담한 채소 판매대

푸드포굿농장은 도시 양봉도 하고 있습니다.

한스 씨는 먹거리를 내 손으로 직접 기르고, 다양한 도시민들이 함께 어울릴 수 있는 이런 환경만 만들어주면 그 안에서 사람들은 생태계의 일부로서 자연의 시스템에 동화된다고 그의 철학을 이야기합니다.

농장 방문객들에게 한스 씨가 항상 보여주는 사진이 한 장 있습니다. 자원봉사를 하러 온 60대의 지역 주민과 자폐증이 있어 케어팜의 참여객으로 온 20대 청년이 함께 샐러드를 심고 있는 모습인데요. 청년에게는 씨앗 심는 방법을 옆에서 자세히 설명해 줄 사람이 필요하고, 자원봉사자는 씨앗 심는 법은 잘 알지만 혼자 일을 하기에 체력이 부족합니다. 푸드포굿농장에서는 자연스럽게 이들이 함께 일함으로써 혼자서는 불가능했을 일이 일어납니다.

이는 음식을 통한 다른 문화권의 이해에도 적용됩니다. 도시에는 상대적으로 이민자들이 많고 푸드포굿만 해도 아시아와 아프리카 등 여러 문화권의 사람들이 섞여 있습니다. 농장에서의 활동을 통해 생소할 수 있는 작물과 음식을 경험하면서 다른 문화권의 포용과 통합에도 기여할 수 있습니다. 도시 케어팜의 사회적인 기능은 이렇게 다양합니다.

푸드포굿농장에서 기르는 먹거리는 도시 사람들에게 더 나은 기분을 느끼게 해 주는 도구 역할을 한다고 한스 씨는 말합니다. 또 그는 머릿속이 복잡한 도시 사람들이 푸드포굿농장에 와서 생각을 비우고 진솔해질 수 있는 기회를 갖기 바란다고 덧붙였어요.

> 도시 사람들은 건물 안에서만 생활하면서 머릿속은 항상 걱정으로 가득 차 있죠. 농장에 오면 마음이 편안해지고 일하는 그 순간에만 집중하게 됩니다. 그러면서 자연과 교감하고, 있는 그대로의 상황을 받아들이며 즐기게 되죠. 마치 스포츠처럼요. 여기서 일하는 건 다 함께 노래하고 춤추는 것처럼 그냥 있는 그대로 즐기는 것과 같아요.

전 국민의 대부분이 도시에 살고 있는 한국에서 도시 케어팜이 필요한 이유 중 하나를 한스 씨의 이 말에서 찾을 수 있지 않을까요?

푸드포굿 www.foodforgood.nl

치매 돌봄과 농장의 성공적인 결합
에이크후버

한국과 마찬가지로 노령 인구가 많은 선진국에서 치매 환자 돌봄은 국가적인 관심사 중 하나입니다. 돌봄 복지가 발달한 네덜란드에서는 이들이 요양원과 같은 시설에 가는 시점을 최대한 늦추고, 집에서 일상생활을 하면서 삶의 질을 유지하는 데 치매 돌봄의 초점을 맞춥니다. 치매라는 질환의 특성상 환자의 존엄과 삶의 질을 유지하며 가족과 같은 돌봄 인력이 고통 받지 않도록 하는 것이 돌봄에서 중요한데, 케어팜은 이런 요구를 만족시켜 주는 훌륭한 대안이라는 것이 그동안 농업을 성공적으로 돌봄 영역에 접목시켜 온 네덜란드 보건계의 분위기입니다.

네덜란드 비넨달Veenendaal 시의 주택가 끝자락에 자리한 에이크후버농장은 치매를 비롯해서 여러 노인성 질환으로 돌봄이 필요한 어르신들을 위한 다양한 데이케어 프로그램을 제공해서 인기가 많은 케어팜입니다.

그룹 모임에서 담요를 쉽고 깔끔하게 접을 수 있는 방법을 공유하는 할아버지의 모습

돌봄 전문가인 직원 세 사람이 상주하면서 여러 가지 활동을 어르신들과 하는데요. 어르신들이 머무는 넓은 거실에서는 카드나 보드 게임 같은 두뇌 자극 훈련, 그림 그리기 같은 창의력 활동을 비롯한 각종 흥미로운 프로그램을 자원봉사자들과 함께 진행합니다.

모든 이용자가 무조건 다 같이 하는 것이 아니라, 흥미에 따라 원하는 프로그램에 참여한다는 점이 인상적입니다. 한쪽에는 할아버지가 테이블 가득 도화지를 펼쳐 놓고 수려하게 그림을 그리고, 맞은편에서는 어르신 네다섯 분이 게임을 즐기고 있는 풍경이 펼쳐지죠. 소규모 돌봄이기에 가능한 일입니다.

실내 활동을 위한 공간

보통 백 명 이상을 수용하는 대규모 요양 시설에서는 정해진 일정에 따라 모두 같은 활동에 참여하는 것이 일반적인 데 반해, 아무리 많아도 몇 십 명 되지 않는 고객이 이용하는 케어팜은 소규모로 돌봄이 이루어지기 때문에 개인별 맞춤 활동이 가능하고, 이것이 케어팜의 장점 중 하나로 꼽힙니다. 농장이기에 마당을 쓸거나 자전거를 타고 인근을 산책하는 등 야외 활동도 쉽게 할 수 있고, 일상생활에 이런 신체 활동을 자연스럽게 추가할 수 있다는 점 또한 케어팜의 장점이지요.

치매 어르신들을 대상으로 한 연구 결과에 의하면, 일반 요양 시설에 있는 어르신보다 케어팜을 이용하는 어르신이 더 많은 신체 활동을 하고 음식도 더 많이 먹는다고 합니다. 적절한 신체 활동과 잘 먹는 것은 어르신의 건강 유지에 중요하죠. 게다가 치매 환자들은 이러한 부분이 결핍되기 쉽기 때문에 자연스럽게 활동할 수 있는 환경을 만들어주고 제대로 요리된 끼니를 제공하는 것이 매우 중요합니다. 케어팜과 같은 주간보호 형태의 시설을 이용하는 치매 어르신은 집에서 스스로 요리하기가 어렵기 때문에, 가정에서 적절한 도움을 받지 못할 경우에는 농장에 올 때만 제대로 된 식사를 하기도 한다고 해요.

심리적인 면에서도 대부분의 시간을 누워서 보내는 시설에 있는 것 보다 아름다운 자연 환경에서 소규모 돌봄이 이루어지는 케어팜이 더 나을 것임은 쉽게 짐작할 수 있지요.

또한 가족과 함께 살면서도 낮 시간 동안 농장에서 돌봄을 받음으로써 평소 이들을 돌보는 가족의 부담을 덜어주니, 케어팜의 치매 어르신 돌봄은 가족에게도 큰 도움이 됩니다.

에이크후버농장의 주요 고객들 중에는 발달장애, 정신질환 등을 가지고 있는 성인들도 있는데 그 중에는 2004년 에이크후버농장이 케어팜

에이크후버농장 채소밭. 농장 성인 고객뿐 아니라 치매 어르신들도 농장에 와 있는 동안 그냥 쉬는 것이 아니라 끊임없이 활동에 참여합니다.

으로 전환했을 때부터 지금까지 계속 오고 있는 고객들도 있다고 해요. 이들은 농장의 여러 가지 일에 참여합니다.

농장 뒤편의 넓은 밭에서 식용으로 쓰이는 꽃을 가꾸고 채소를 기르는 일도 그 중 한 가지인데요. 각자 개별 텃밭 공간을 할당받아 직접 재배한 채소를 집에 가져가기도 하면서 성취감과 책임감을 배웁니다.

텃밭 각 구역을 성인 고객들이 가꾸도록 이름을 써 놓았습니다. 각자 본인 구역에 채소를 심고 가꾸면서 책임감과 성취감을 얻을 수 있습니다.

에이크후버농장에서는 에그노그eggnog(계란과 우유로 만든 알콜성 음료)를 직접 생산하는데, 성인 고객들은 이 작업에 참여해서 에그노그 병에 라벨 붙이기, 병 옮기기 등의 일을 함께 합니다. 오른쪽 사진이 에이크후버에서 만들어 판매하는 에그노그입니다. 에이크후버만의 브랜드명을 달고 있는 이 에그노그는 방사한 닭이 낳은 달걀을 이용해 전통 방식으로 만든다고 해요.

장작용 나무와 동물 사료용 건초들

성인 고객들은 농장의 판매장에서 판매할 물건 포장을 돕기도 하죠. 또 인근 슈퍼마켓에서 얻어 온 유통기한 지난 채소들을 잘게 잘라 동물 사료로 만드는 일도 합니다.

농장에는 도구를 이용하는 활동이나 게임 등 여러 가지 프로그램을 진행하는 돌봄 전문 직원들 뿐만 아니라, 농업 교육을 받은 직원들도 있어서 채소밭과 꽃밭 가꾸기 그리고 나무 자르기 등 각종 작업을 이들과 함께할 수 있습니다. 에그노그 등의 생산도 제빵 관련 전문 담당자가 있기 때문에 고객들이 함께 일하는 데 문제가 없습니다.

에이크후버농장 고객들이 농장을 오갈 때 이용하는 차량. 아침 9~10시경과 오후 3~4시경이면 자원봉사자들이 고객들을 픽업해 오고 데려다 줍니다. 눈에 띄는 사진이 붙어 있어서 자연스럽게 농장 홍보 역할도 한다고 해요.

원래 젖소 농장이던 에이크후버는 2004년 케어팜으로 전환했습니다. 신경병을 앓으면서 거동이 불편해진 아내와 노환으로 보살핌이 필요했던 어머니를 보면서 농장주는 돌봄이 필요한 주변 사람들에 관심이 생겼고, 2000년대 초반 케어팜이 유행처럼 늘어나던 분위기에서 자연스럽게 전환을 결정했다고 해요.

하지만 처음 케어팜을 시작할 때만 해도 소득을 얻기 위해 다양한 활동을 해야 했습니다. 10년 동안 어린이 생일파티 장소로 대여하다가

에이크후버 231

지금은 농장 일이 너무 바빠지면서 그만뒀는데요. 어린이들이 파티 참석차 와서 말 타기, 자전거 타기, 트랙터 타기 등 다양한 활동을 하며 놀 수 있어서 인기가 많았다고 합니다.

운영 초기에는 특히 발달 장애가 있는 젊은이들을 위주로 받다가 차츰 뇌손상, 신체 장애, 정신 질환이 있는 사람들을 비롯한 다양한 성인 고객들로 범위를 넓혀 갔다고 하는데요. 에이크후버농장이 지금과 같이 성장하게 된 계기는 2010년 치매 어르신을 받기 시작하면서부터라고 해요. 당시 비넨달 시의 요양원에 있던 많은 어르신이 에이크후버로 옮겼다고 합니다. 처음 세 분이던 어르신 고객은 지금 칠십 분으로 늘어났습니다.

네덜란드에서 치매 등 노인성 질환을 앓는 사람들이 찾을 수 있는 케어팜의 형태는 다양합니다. 중증의 노인성 질환자만을 받아 전문 인력이 의료 서비스를 제공하는 케어팜도 있고, 성인 고객과 섞여 있는 공간에서 소규모로 개인의 요구 사항에 맞는 일대일 돌봄을 제공하는 곳도 있습니다. 또 에이크후버처럼 비교적 경증의 치매 어르신들과 다양한 활동을 통해 병의 진행을 늦추고 일상생활을 유지하는 데 초점을 맞춘 케어팜도 있습니다. 네덜란드 정부에서는 환자들이 이런 시설을 이용하는 비용을 증상의 경중에 따라, 그리고 개인의 경제적 수준에 따라 차등 지원합니다. 보건의료 관점에서 케어팜이라는 옵션이 치매 돌봄에 긍정적인 역할을 하고 있다는 점은 분명해 보이죠.

에이크후버농장의 찻집. 커피와 간단한 식사를 판매하는 이 곳은 지역 주민들과 농장 방문객이 많이 이용하는 장소입니다.

농산물 판매장

에이크후버농장은 기존에 우유와 치즈 등을 팔던 농장의 작은 판매장을 확장하기로 하고, 다른 농부들과 협업해서 서로 생산하는 농산물을 교환하여 판매하는 협동조합 형식의 회사를 만들었는데요. 이 회사는 지역 판매장이라는 뜻의 란드빙클landwinkel이라는 이름으로 현재 네덜란드 전역의 95개 농장이 함께하는 큰 조직으로 성장했습니다.

예쁘게 꾸민 찻집과 농산물 판매장을 찾는 사람들이 늘어나면서 일주일에 무려 1,000명 가까운 사람들이 에이크후버를 방문한다고 합니다. 여기에는 아이들과 함께 동물을 구경하고 산책을 하기 위해 농장을 찾는 지역 주민들도 포함되지요. 돌봄 이외에도 이렇게 다양한 활동을 통해 전체 농장 소득의 절반 정도를 얻는다고 합니다.

에이크후버에는 소, 말, 양, 닭과 함께 다양한 종류의 새 등 여러 동물이 있는데, 이들은 농업 생산이 아니라 오로지 사람들에게 즐거움을 주기 위해 기르는 것이라고 매니저 헬렌 씨는 이야기합니다.

한국에서도 케어팜과 치매 돌봄의 결합을 이야기하는 움직임이 있지만, 이를 좀 더 적극 도입하기 위한 논의가 필요하다는 생각이 듭니다. 의료적 지원만을 논하는 것에서 한걸음 더 나아갈 때, 좀 더 나은 치매 돌봄이 가능함을 네덜란드 사례가 보여주고 있으니 말이죠.

에이크후버 **www.eekhoeve.nl**

중증 치매 환자도, 가족도 행복한 케어팜
드레이헤르스후버

네덜란드에서는 상대적으로 경증의 치매 환자들은 케어팜에서 낮 시간을 보내면서 요양 시설에 들어가지 않고도 평소에 돌보는 가족들의 부담을 줄여줄 수 있다고 앞서 소개한 에이크후버농장에서 말씀드렸어요. 하지만 증상이 심해져서 더 이상 가정에서의 생활을 유지하며 출퇴근하는 데이케어만으로 돌봄이 어려운 상황이 되면, 삶의 마지막을 준비하며 거주형 시설에 입소하는 경우가 많습니다. 이런 환자들을 단체로 돌보는 요양 시설에서는 개인을 24시간 전담해서 돌보기 어렵기 때문에 필요할 때는 어쩔 수 없이 환자를 침대나 의자에 묶어 놓기도 한다고 해요! 한국뿐만 아니라 네덜란드를 비롯한 많은 나라들에서 이런 식으로 치매 환자들을 통제하는 것은 흔한 일이라고 합니다.

중증 치매로 요양 시설에 입원한 장인어른을 면회 간 자리에서 그가 의자에 묶여 생활하는 모습을 본 헨크 스미트 씨와 헨크 씨의 딸 디네커 씨는 큰 충격을 받았습니다.

평소 정원을 가꾸고 산책하는 등 야외활동을 좋아하던 장인어른이 요양원 2층에 갇혀 건물 밖으로 나오지 못하는 것은 물론, 온몸이 묶여 그저 돌아가실 날만 기다리고 있는 모습에 무언가 잘못되었다는 생각이 들었다고 합니다. 장인어른을 포함해서 가족 중 세 명을 치매로 잃으면서 헨크 씨는 치매 환자들이 말년을 인간답고 최대한 행복하게 보낼 수 있는 곳을 만들자고 결심했습니다. 헬스케어와 보건 정책 공부를 하고 치매 관련 연구를 지속한 딸 디네커 씨도 이런 아버지의 열정 어린 계획에 함께 했고요.

이들이 구상한 것은 병원과 같은 사각형의 건물이 아닌, 바로 농장이었습니다. 아늑한 가정집 분위기의 거주 공간과 아름다운 자연환경이 함께 어우러질 수 있는 이상적인 시설을 농장에서 찾은 것이죠. 그렇게 거주형 케어팜 드레이헤르스후버의 계획이 시작되었습니다.

주로 데이케어를 위주로 하는 일반적인 네덜란드 케어팜과 달리, 거주 공간을 함께 운영할 경우 처음 건축 단계부터 지켜야 하는 각종 법이 훨씬 많기 때문에 시작하기가 쉽지 않습니다. 일부 지자체의 경우는 아예 거주 시설 신축을 허가하지 않는 경우도 있기 때문에 위치도 중요합니다.

한국에서 케어팜을 구상하시는 분들이 궁금해하시는 네덜란드의 관련법에 대해 조금 더 말씀드릴게요. 데이케어만 제공하던 거주도 할 수 있는 곳이던 네덜란드에서 케어팜을 시작하려면 공통적으로 케어 기관, 즉 돌봄이나 요양, 간호 등을 제공하는 기관으로서의 허가가 필요합니다. 직접 허가를 취득하기 어려우면 그런 허가를 가지고 있는 기관과 계약을 맺는 식으로도 가능하지요. 또한 정부의 장기요양보험 재원을 활용하기 위한 법적인 자격을 갖춰야 하는 경우도 많습니다. 지자체에서 요구하는 각종 규정도 지켜야 합니다. 지자체에서도 시설물에 대해서 뿐 아니라 케어 기관으로서의 규정들도 존재합니다. 말이나 소와 같은 동물이 있을 경우 전염병 등 동물 안전에 관한 규정도 지켜야 하고요. 케어팜을 이용하는 이용자들의 모습은 매우 자유롭지만, 제대로 운영하기 위해서는 케어파머가 염두에 두어야 하는 법과 규칙들이 그만큼 많습니다.

그런데 일반적인 데이케어형 케어팜이 아닌 거주형 케어팜을 세우기 위해서는 지켜야 할 법적 기준이 더욱 많아집니다. 치매 케어를 위한 거주형 건물 신축을 위해서는 지자체에서 특정 목적의 건축에 대한 허가를 받아야 하고 또 환경과 관련된 허가, 건물 사용과 관련된 허가 등을 받아야 합니다.

시설 자체에 대한 구상 뿐 아니라 이런 각종 법적 절차를 거치다 보니 드레이헤르스후버는 처음 구상을 시작한 때부터 문을 열기까지 무려 7년이란 시간이 걸렸습니다. 적당한 부지를 찾고, 건물을 짓고 필요한 각종 허가를 받기도 쉽지 않았는데, 이웃 주민들의 반대까지 겹쳐 법정에도 갔다고 합니다. 그러던 이웃들이 이제는 드레이헤르스후버의 아름다운 풍경과 훌륭한 철학에 반해 아주 든든한 지원군이 되어 70명 가까운 이웃 주민들이 자원봉사자로 이곳을 찾고 있다고 해요.

드레이헤르스후버에는 27명의 중증 치매 환자들이 거주합니다. 농장 안에는 네 동의 집이 있는데요, 80세 전후의 치매 환자들이 세 동의 건물에 각 집마다 일곱 분이 살고 있고, 나머지 하나의 집에는 좀 더 젊은 65세 이하의 치매 환자 여섯 분이 살고 있습니다. 이렇게 연령대에 따라 거주 건물을 나눈 이유는, 엄연히 다른 세대에 속하는 분들이 서로 비슷한 또래들과 함께 지내실 수 있게끔 하기 위함이라고 해요.

아름다운 농장 전경. 사진 속 건물들은 모두 치매 어르신들의 거주 공간입니다. 건물 2층은 가족들이 방문했을 때 묵는 곳이에요. 하루를 의미 있게 보내는 다양한 활동이 농장에서는 가능합니다.

농장에는 거주를 위한 건물만 있는 것이 아닙니다. 케어팜에 반드시 필요한 휴식 및 공동 활동을 위한 건물도 있어요. 바bar처럼 꾸민 거실에는 안락한 소파가 여러 개 놓여 있는데, 이곳은 데이케어를 위해 드레이헤르스후버를 찾는 상대적으로 경증 치매 환자들이 주로 이용합니다. 집에서 가족들과 지내면서 낮 시간 동안 돌봄을 위해 오시는 치매 환자들이 여기서 함께 활동을 하시는 거죠.

얼마 전에는 이 공용 거실에 자그마한 복층 공간을 만들어서 재미있게 꾸며 놨는데요, 이곳에 계신 분들이 좀 더 편하게 머리를 다듬을 수 있도록 작은 미용실 시설을 해놓고, 또 상점에서 직접 옷을 사는 기분을 느낄 수 있게 작은 옷가게 공간을 만들었어요. 공용 건물에는 다른 게

데이케어용 거실로 들어가는 길

어팜에서도 많이 볼 수 있는 다용도 작업실도 있어서 나무를 다듬어 장식품 등을 만들거나 그림을 그리는 등의 활동도 할 수 있습니다.

공용 거실에는 바bar 테이블과 게임 도구들을 이용할 수 있도록 하고(위), 복층 공간을 마련해 작은 옷가게를 꾸며 놓았습니다(아래).

드레이헤르스후버의 출입문을 들어가 사무실 등으로 쓰이는 건물을 지나 안쪽으로 들어가면, 각종 꽃과 나무로 꾸며진 녹색의 아름다운 풍경이 펼쳐집니다. 사진에서처럼 창밖에 조랑말이 보이면 매일 밖으로 나오고 싶을 것 같지 않은가요? 그 옆으로는 거주를 위한 건물들이 한 줄로 늘어서 있어서, 이곳에 거주하는 치매 환자들은 언제든 밖으로 나와 야외 활동을 할 수 있습니다.

엘리베이터를 타지 않으면 밖으로 나올 수 없는 요양 시설에서는 치매 환자들이 스스로 안전하게 밖에 나오기 어렵다 보니, 사실상 건물 안에 감금되어 있는 셈인데요. 드레이헤르스후버에서는 정원을 거닐며 노래를 부르거나 동물을 돌보는 치매 환자들을 쉽게 볼 수 있습니다. 날씨가 좋으면 집 앞에 나와 야외에서 차도 마시고 식사도 할 수 있어요. 사진에서 보는 것처럼 거실에서 야외로 통하는 면이 창문 대신 개방형 문으로 되어 있어서 어르신들이 자유롭게 안팎을 오갈 수 있습니다.

이곳의 정원은 다양하게 꾸며져 있는데요, 예쁜 꽃을 심은 곳도 있고, 소규모로 다양한 작물을 키우는 공간도 있습니다. 또 농장 여기저기에서 자유롭게 돌아다니는 닭을 보면 이곳이 농장임을 실감하게 되지요. 사람만 보면 다가오는 당나귀, 그리고 조랑말, 염소, 돼지 등 다양한 동물이 어우러져 있는 드레이헤르스후버의 정원을 보면 치매 환자가 아니더라도 여기서 살고 싶다는 생각이 들 정도입니다.

정원을 기준으로 거주용 건물 반대편에는 작은 유리온실이 있습니다. 이곳은 여러 작물을 재배하는 용도로도 쓰고 있지만, 날씨가 좋지 않을 때 비바람과 추위를 피해 야외에 있고 싶은 분들이 와서 휴식을 취

멀리서 봐도 여기 거위가 있다고 알 수 있어요.

여유로운 동물들은 보는 것만으로도 마음이 편안해집니다. 케어팜에서 동물은 단지 보는 즐거움을 주는 것만 아니라 성취감을 주는 할 일을 만들어주기 때문에 더욱 의미 있지요.

온실 한켠에 마련한 작은 휴식 공간. 누구나 와서 따뜻하게 쉬었다 갈 수 있습니다.

할 수도 있게 꾸며 놓았습니다. 온실 한켠의 테이블에 둘러앉아 차를 마시는 것도 겨울철 즐거움 중 하나입니다.

케어팜이 아닌 요양 시설에서 지내는 환자들은 대개 짜여진 시간표에 따라 하루를 보내는 것이 일반적입니다. 정해진 시간에 식사와 취침을 해야 하고, 낮 시간에도 시설에서 제공하는 프로그램에 다 함께 참여하거나 TV를 보는 등 개인별 휴식을 취하게 되지요. 단체 생활을 하다 보니 개별 환자가 원하는 바를 존중하기 보다는 효율성을 위한 관리와 통제에 좀 더 초점이 맞춰질 수밖에 없습니다.

그런데 드레이헤르스후버에는 이런 시간표가 없습니다. 평소에 밤늦게까지 깨어 있다가 아침까지 늦잠을 자는 습관이 있어도, 자기 전에 와인을 한 잔 마시고 싶은 사람도, 드레이헤르스후버에서는 입소 전 삶의 방식을 그대로 유지할 수 있습니다. 원하지 않는 프로그램에 참여할 필요가 없이 그날 기분에 따라 농장의 동물을 돌보거나 꽃밭을 거닐 수도 있고, 다른 거주민들과 차를 마시며 대화를 나눌 수도 있습니다. 물론 직원들과 함께 가사일을 하거나 작업실을 이용하는 등 좀 더 능동적인 일도 가능하고요.

치매 환자들이 거주하는 각각의 집에는 개인 침실 외에도 큰 거실과 주방이 있어서 거실에서 다른 거주자들과 돌보는 직원들과 함께할 수 있습니다. 함께 사는 분들끼리 편하게 같이 시간을 보낼 수 있도록 일부러 거실을 크게 만들었다고 해요. 모든 침실은 1인실이고, 입소 전 사용하던 친숙한 물품이나 가구를 개인 방에 가져와서 사용할 수 있습니다. 식사는 대규모 급식 시설이 아닌 편안한 분위기의 가정집 식탁에서 합니다. 병원이 아니라 집에서처럼 마음 편히 지낼 수 있겠지요.

드레이헤르스후버는 말기의 중증 치매 환자들을 위한 곳으로, 돌아가시기 전까지 삶의 마지막을 보내는 곳입니다. 따라서 이곳의 직원들은 모두 케어 전문가들로 대부분 간호사 자격을 가지고 있습니다. 병원이 아니기 때문에 의사가 상주하고 있지 않지만, 일주일에 한 번씩 노인병 전문 의사가 방문합니다.

농장을 안내해 주는 헨크 스미트 씨의 얼굴엔 이곳에 대한 자부심이 묻어났습니다. 헨크 씨는 얼마 전 은퇴하시고 이제 딸 디네커 씨가 운영을 맡고 있어요.

특이한 점은 심리 전문 의사 또한 일주일에 한 번씩 오는데, 이는 어르신을 돌보는 간호 인력, 즉 직원들을 상담하기 위함입니다. 매일 중증 치매 환자들을 돌보는 일은 상당한 정신적 어려움을 줄 수밖에 없기 때문에 직원들의 정신건강을 돌보는 일도 매우 중요하다는 것이죠.

헨크 씨 부녀가 드레이헤르스후버를 만들면서 중요하게 생각했던 점 중 하나는 이러한 장소가 부자건 가난한 이건 모두에게 열려 있어야 한다는 점이었습니다. 치매는 빈부와 상관없이 찾아오는 병인데, 환자의 삶의 질과 행복을 위한 이런 공간마저 자본의 논리에 따라 불평등하게 주어지길 바라지 않은 것이죠. 드레이헤르스후버의 치매 환자들은 네덜란드의 일반적인 요양 시설이나 케어팜을 이용할 때와 마찬가지로 정부의 복지 재정을 통해 거주하고 있습니다. 즉, 부자가 아니어도 누구나 이용할 수 있는 곳을 만들고자 한 목표가 실현된 것입니다.

현재 드레이헤르스후버는 입소를 희망하는 대기자가 200명이 넘을 정도로 인기가 많다고 해요. 네덜란드에는 케어팜이 약 1,250여 개가 있다고 하지만, 대부분은 데이케어를 위한 곳이고 또 모든 농장이 어르신을 위한 곳은 아닌 만큼, 치매 환자를 위한 거주형 케어팜은 사실 손에 꼽을 정도로 매우 적은데요. 그러다 보니, 24시간 돌봄이 필요한 중증 치매 환자들이 아직은 대부분 기존의 병원형 요양 시설에 가는 것이 현실입니다. 앞으로는 드레이헤르스후버와 같이 치매 환자도, 바라보는 가족도 행복하게 시간을 보낼 수 있는 공간이 더욱 많아지길 기대합니다.

특히, 치매가 급속한 사회 문제가 된 한국에서 네덜란드의 이런 사례가 좋은 본보기가 되어 앞으로는 네덜란드에서도 배우러 오는 한국형 케어팜이 생기면 좋겠다는 생각이 듭니다. 치매 돌봄 서비스에서 환자의 삶의 질 향상이 차지하는 비중이 높아지는 만큼, 그런 공간이 생기는 시기가 빨리 찾아오지 않을까요?

드레이헤르스후버 **reigershoeve.nl**

1 드레이헤르스후버 reigershoeve.nl

2 멧하톡케어팜 www.hartogzorg.nl

3 린덴호프오픈가든 www.lindenhoff.nl/open-tuin

4 푸드포굿 www.foodforgood.nl

5 굿랜드케어팜 www.goedland.nl

6 블로멘달케어팜 www.zorgboerderijblommendal.nl

7 파라다이스농장 boerderijparadijs.nl

8 에이크후버 www.eekhoeve.nl

9 밀마스다이크농장 www.milmaasdijk-kwekenmetzorg.nl

10 드후퍼농장 dehuppe.nl

11 린드붐케어팜 www.delindeboom.org

조예원

서울에서 태어나 이화여자대학교 사회학과를 졸업하고 약 14년을 직장인으로 보냈다. 하루의 대부분을 앉아서 일하고 점심시간이면 편리함과 맛 위주로 조리하는 식당을 찾는 직장인의 자연스러운 생활이 건강한 환경과는 거리가 멀다는 생각에, 이런 환경을 구조적으로 변화시킬 수 있는 방법을 찾고 싶어 네덜란드로 유학을 떠났다. 바흐닝언대학 Wageningen University & Research에서 건강과 사회Health and Society 학위 과정 중 케어파밍care farming을 접하고 한국의 케어파밍에 대한 논문을 썼다. 이후 '바흐닝언케어팜연구소'를 만들어 대표로 활동하고 있다. 케어팜 관련 교육과 연구 등을 통해 케어팜을 제대로 알리는 한편, 한국의 관련 정책에 대해서도 목소리를 내는 등 활발한 활동을 하고 있다.

블로그 www.naver.com/caretulip
이메일 yewon.cho@caretulip.com
유튜브 https://www.youtube.com/@carefarmresearch

돌봄과 복지가 농업과 만나는
네덜란드 케어팜을 가다

1판 1쇄 펴낸날 2020년 9월 10일
1판 3쇄 펴낸날 2024년 9월 30일

지은이 조예원
펴낸이 장은성
만든이 김수진
인 쇄 호성인쇄

출판등록일 2001.5.29(제10-2156호)
주소 (350-811) 충남 홍성군 홍동면 광금남로 658-7
전화 041-631-3914
전송 041-631-3924
전자우편 network7@naver.com
누리집 cafe.naver.com/gmulko

ISBN 979-11-88375-23-3 03300 값 17,000원